少林秘传绝技丛书（二）

少林秘传童子功

邓方华　编著

人民体育出版社

图书在版编目（CIP）数据

少林秘传童子功 / 邓方华编著. — 北京 : 人民体育出版社, 2020
（少林秘传绝技丛书 · 二）
ISBN 978-7-5009-5684-6

Ⅰ. ①少… Ⅱ. ①邓… Ⅲ. ①少林拳—基本知识
Ⅳ. ①G852.15

中国版本图书馆CIP数据核字（2019）第238427号

*

人民体育出版社出版发行
三河兴达印务有限公司印刷
新华书店经销

*

880×1230　32开本　6.75印张　163千字
2020年11月第1版　2020年11月第1次印刷
印数：1—3000册

*

ISBN 978-7-5009-5684-6
定价：30.00元

社址：北京市东城区体育馆路8号（天坛公园东门）
电话：67151482（发行部）　邮编：100061
传真：67151483　邮购：67118491
网址：www.sportspublish.cn
（购买本社图书，如遇有缺损页可与邮购部联系）

丛书插图制作

（排名不分先后）

邓方华	高　翔	凌　召
潘祝超	谢静超	赵爱民
黄守献	王松峰	李贡群
高　绅	黄冠杰	黄婷婷

总 序

2017年1月25日，中共中央办公厅、国务院办公厅印发了《关于实施中华优秀传统文化传承发展工程的意见》（以下简称《意见》），并发出通知，要求各地区各部门结合实际认真贯彻落实，体现了党和政府对中华优秀传统文化的重视。

在贯穿国民教育始终方面，《意见》提出：加强中华优秀传统文化相关学科建设，重视保护和发展具有重要文化价值和传承意义的“绝学”、冷门学科。在保护传承文化遗产方面，《意见》提出：推动民族传统体育项目的整理研究和保护传承。

中华武术有着几千年发展的历史，是中华民族在社会实践中创造的宝贵财富，是中华文化的重要组成部分。少林武术作为中华传统武术的优秀代表，其秘传绝技与武学秘籍一直是武术爱好者竞相学习和研究的对象。目前在国家的重视下，少林武术发展形势良好，但也存在可供学习的少林武术书籍相对较少的问题，因此，需要对少林武术的相关技艺进行整理出版，使中华武术进一步发扬光大。

《少林秘传绝技丛书》应运而生。本系列依据“健康第一”的教育理念和“便于传承与发展”的要求，邀请有关专家参与编写，披露了少林武术的多种秘法绝艺。先期出版的有《少林点穴绝技》《少林擒拿绝技》《少林擒跌绝技》《少林短打绝技》《少林腿法绝技》《少林古传擒拿与点穴》《少林古传技击术》《少林八段锦古传秘功》《少林易筋经古传秘功》等12本。本书为第二辑系列之一。这套丛书既可作为武术爱好者学习研究的参考用书，也可作为各级各类武术教员的教学用书。

本系列丛书注重图文并茂，避免抽象化和纯理论化，意在提高现代武术爱好者的学习兴趣；立足于理论联系实际，突出学以致用要则；力求简洁明晰，便于阅读，便于练习。当然，不足之处在所难免，欢迎读者批评指正，以利今后进一步充实与完善。

内容提要

1.所谓“童子功”，一喻此功比较适合少年儿童练习，青少年筋骨初长，可塑性强，优势明显，更易成功；二喻此功功效独特，功成身如童子，从外讲柔韧超常，从内讲真元充盈，必为今后的武术深造打下良好根基。

2.少林童子功秘传十六势，是少林童子功的经典功法，流传很广，练者众多。此功主使“柔劲”， 动中有静，吐纳调息，徐缓内敛，细致连绵，造型美观，非常适合专修少林柔功的青少年。经常练习，可以易筋壮骨，益气增力，使人柔劲超常。

3.少林童子功秘传十八势，是少林童子功的优秀功法。此功主使“顺劲”，动作顺溜，刚中有柔，开合分明，轻捷多变，非常适合青少年练习。经常练习，可以灵活肢节，抻筋拔骨，提高韧劲，强壮身体。

4.少林内壮童子功，主要有三大秘传功法。一是“补元功”，补元益气，乃为基础；二是“导引功”，导气引气，贯通周身；三是“壮气功”，快速喷气，增强气力。三功各有妙用，相辅相成，练之可使衰者变壮，老弱复壮，壮者更壮。

目 录

第三章 少林童子功秘传十八势 / 96

第五章 少林童子功秘谱禅画 / 158

第一章

童子功入门

少林童子功，抻筋拔骨，注重柔韧，以柔见长，柔中有刚，快慢相济，动静相宜。它既是少林武术入门之筑基功，同时又是少林非常高级的柔软功，其中不少姿势对人体柔韧度要求很高，非长期艰苦练习很难练就。

何以名为“童子功”？

一喻此功比较适合少年儿童练习，青少年筋骨初长，可塑性强，优势明显，更易成功，即秘谱所谓“童身易成”。

二喻此功功效独特，功成身如童子，从外讲柔韧超常，从内讲真元充盈，即秘谱所谓“易成童身”，而因此身法活泛、拳脚灵便、韧劲贯体、内力充沛，为以后的武术深造打下良好基础。

第一节　肩臂功

肩臂功，练之可增进肩关节韧带的柔韧性，加大肩关节的活动范围，发展臂部力量，提高上肢运动的灵敏、松长、转环等能力。

练习方法主要有压肩、吊肩、转肩和绕肩等。

一、压肩

【练法】

面对横杠，开步站立。两手抓握横杠，上体前俯，下振压肩。（图1–1）

图 1–1

【要点】

1. 两臂、两腿要伸直，力量集中于肩。

2. 向下振压的幅度逐渐加大，力量逐渐加强。

3. 肩压到极限时，静止不动，耗肩片刻。

4. 压肩与耗肩，交替练习。

二、吊肩

【练法】

两脚并步站立，背向横杠，两手反臂抓握。然后下蹲，两臂拉直或悬空吊起。（图1–2）

图 1–2

【要点】

1. 两手紧握横杠，两臂伸直，肩部放松。

2. 双手反臂抓握横杠，上体前倾拉肩，并上下转动。

3. 屈膝下蹲，上体尽量直立，逐渐减少脚的支撑力，练习吊起动作。

4. 两脚离地，练习吊肩动作。

三、转肩

【练法】

1. 两脚开步站立；两手握一短棍于腹前，两手握距与肩同宽。（图1–3）

图 1–3

图 1–4

2. 然后上举，绕至体后。再从体后向上绕至体前。（图1–4）

【要点】

1. 两手握距要合适。转动时，两臂伸直尽力上举。

2. 先做徒手的压肩、绕肩练习。

3. 开始握棍转肩时，两手间距离可宽些，逐渐缩短距离。

四、绕肩

（一）单臂绕环

【练法】

左弓步，右臂伸直向前或向后立绕。（图1–5）

图 1–5

【要点】

1. 手臂伸直，肩放松。绕环时，贴身走立圆。

2. 单臂绕环要力求动作连贯，劲力顺达，肩关节充分放松，不必过度求快。

3. 左右交替练习，注意协调发展。

（二）两臂前后绕环

【练法】

开步站立；两臂伸直上举，与肩同宽，掌心相对。左臂向前、向下、向后绕环；同时右臂向后、向下、向前绕环。（图1–6 ~ 图1–8）

图 1–6

图 1–7

图 1–8

【要点】

1. 两臂伸直，肩关节放松，以腰带臂，绕成立圆。

2. 此动作需要一定的协调性，初次练习时要放慢动作。当两臂反方向绕至体前、体后时，应在水平线上；下落时应同时擦腿，上举时掌心相对。

3. 动作符合要求后，再逐渐加快速度。左右交替做反方向的绕环练习。

（三）仆步抡拍

【练法】

1. 左弓步，右臂前伸与肩同高，左掌立于右肩前。（图1–9）

图 1–9

图 1–10

2. 上体右转，右腿屈膝，左腿伸直，成右弓步；右臂向上、向右抡臂，左臂向左抡臂。（图1–10）

3. 上体继续右转，右臂向下、向后抡臂，左臂向上、向前抡臂。（图1–11）

图 1–11

4. 上体左转，左腿屈膝全蹲，右腿伸直，成右仆步；右臂向上、向前、向下抡臂，至右腿内侧以掌心拍地；左臂向下、向左抡臂，至左上方。（图1–12）

图 1–12

【要点】

1. 两臂伸直，肩部放松，以腰带臂，贴身抡绕。

2. 练习慢抡臂，体会动作路线与以腰带臂的要点。

3. 逐渐加快抡臂速度。

4. 左右交替抡臂练习。

第二节　腰功

“练拳不练腰，终究艺不高”，腰是贯通上下肢的枢纽，腰功是增强技法灵活度与动作力量性的重要功法。

腰功，旨在加大腰部的活动范围，提高脊椎和腰部的柔度、韧性与弹性。

练腰的方法有前俯腰、甩腰、涮腰、下腰等。

一、前俯腰

【练法】

1. 两脚并步站立；两掌十指交叉，转掌、直臂上举，掌心向上。（图1–13）

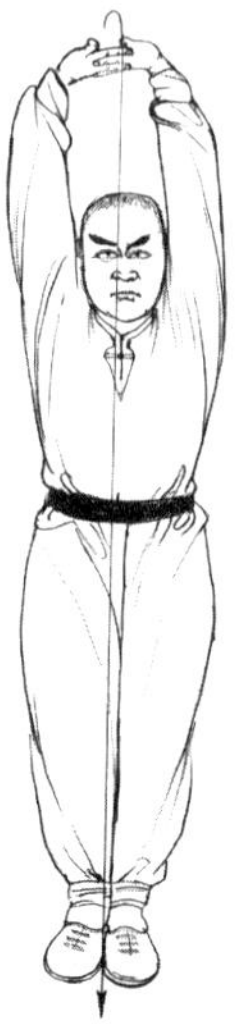

图 1–13

2. 上体前俯，膝关节挺立，两掌撑地。（图1–14）

图 1–14

3. 两手抱住两脚跟腱部位，使头缓缓贴近小腿胫部，停住。慢慢练习才可贴住，并可坚持一定时间。（图1–15）

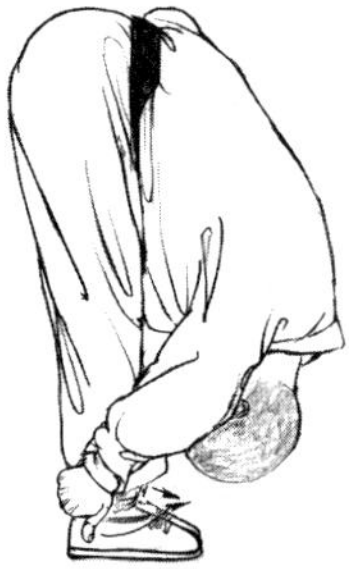

图 1–15

4. 上体向左、右侧转动，两手交叉在左、右脚外侧触地。（图1–16、图1–17）

图 1–16

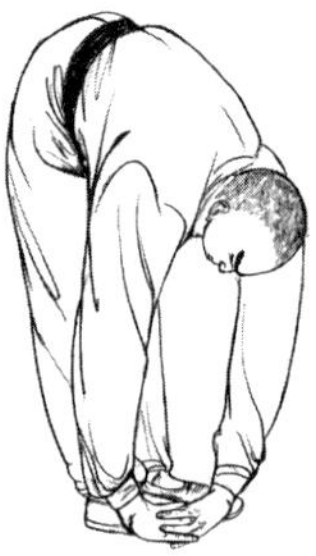

图 1–17

【要点】

1. 两腿挺膝伸直，收髋，尽力向前折体。

2. 开始练习时，可做开步的前俯腰下振练习。（图1–18）

3. 逐渐过渡到两脚并拢、前俯腰、双掌触地或抱腿的动作，并尽量坚持，以静耗抻筋。

图 1–18

二、甩腰

【练法】

1. 两脚开步站立，两臂上举。（图1–19）

图 1–19

2. 以腰、髋关节为轴，做前俯身和后甩腰动作，两臂也随之摆动。（图1–20、图1–21）

图 1–20

图 1–21

【要点】

1. 两腿伸直，挺髋、展腹，甩腰的速度与幅度，逐渐加快、加大，并富有弹性。

2. 可做一手扶肋木或其他支撑物的甩腰练习，速度由慢而快。

3. 熟练之后，不扶肋木，做甩腰练习。

三、涮腰

【练法】

开步站立，上体前俯，两臂向前下方伸出。然后，以臂带腰，向前、向左、向后、向右翻转绕环。（图1–22、图1–23）

图 1–22

图 1–23

【要点】

1. 以腰为轴，借助上体的前俯、后仰，两臂尽量向远端伸出，以增大绕环幅度。

2. 先做左右转腰和上体前、后仰动作，有基础了再做涮腰动作。

3. 左右交替练习，速度由慢到快，次数逐渐增加。涮腰后，可休息片刻，以防头晕。

四、下腰

【练法】

两脚开立，与肩同宽；两臂伸直，向上举掌。腰向后弯，两手撑地成桥形。（图1–24、图1–25）

图 1–24

图 1–25

【要点】

1. 下腰后，要挺膝、挺髋，腰向上顶。

2. 先做转腰、俯腰和甩腰动作，继练下腰动作。

3. 下腰时，可由同伴托腰保护。下腰后，两手尽量向脚后跟移动，同伴可缓缓推其膝部，以加大下腰效果。

第三节　腿功

腿功，主要提高腿部和髋关节的柔韧性、灵活性以及力量等素质。

练习方法有压腿、搬腿、劈叉、控腿等。

一、压腿

（一）正压腿

【练法】

1. 右腿屈膝半蹲，左腿前伸，膝关节挺直，脚尖上跷勾紧；上

体前俯，两手按住左膝向下压振。（图1–26）

图 1–26

2. 右腿直立支撑，将左脚跟放在高物上，脚尖紧；两手按住膝部（或双手抱脚），上体向前、向下做压振动作。（图1–27）

图 1–27

【要点】

1. 被压腿要收髋、挺膝，脚尖紧。

2. 压腿力量由轻到重，振幅由小到大。

3. 压腿练到一定程度后，可用双手扳住脚掌，以前额触及脚尖，并停住不动，尽量多坚持。之后把脚放下来，做些踢、摆等动作，活动一下再继续练习。

4. 左右腿交替练习。

（二）侧压腿

【练法】

1. 右腿屈膝半蹲，左腿侧伸，膝关节挺直，脚尖向上跷紧；左臂屈肘置于胸前，右臂屈肘架于头上，上体向侧前压振。（图1–28）

图 1–28

2. 身体侧向，左腿置于高物之上，上体向侧前方压振。（图1–29）

图 1–29

【要点】

请参考正压腿。

（三）后压腿

【练法】

1. 左腿屈膝全蹲，右腿向后伸直，脚尖绷直，膝盖和脚背着地；上体后仰，做压振动作。（图1–30）

图 1–30

2. 背对高物，右腿后伸于上，脚面绷直，脚底向上；上体后仰，做压振动作。（图1–31）

图 1–31

【要点】

1. 挺胸、展髋、上体后仰。

2. 先站立做些转腰、展髋、仰身动作。

3. 振压幅度逐渐加大，左右交替练习。

4. 每一次练习后，做一些腿的踢摆动作，舒活一下再进行练习。

（四）仆步压腿

【练法】

右腿屈膝全蹲，左腿伸直仆地，脚尖里扣；两手分别抓握两脚外侧，以仆步向下压振。（图1–32）

图 1–32

【要点】

1. 挺胸、塌腰、沉髋。

2. 可先把两手放在两膝上，上体尽量立起，做上下压振练习。

3. 两手抓握两脚外侧，要塌腰，裆部尽量下沉，压、耗结合。

4. 左右仆步交替练习。

二、扳腿

（一）正扳腿

【练法】

1. 右腿直立，左腿屈膝上提；右手握住左脚外侧，左手抱膝。（图1–33）

图 1–33

图 1–34

2. 然后，右手握住左脚上扳；同时，左腿伸膝向前上举起，左手压于左膝。（图1–34）

3. 也可由同伴托住脚跟上扳。（图1–35）

图 1–35

【要点】

挺胸、塌腰、收臀、伸膝，脚尖勾紧，支撑腿和上体尽量保持正直。

（二）侧扳腿

【练法】

1. 右腿直立，左腿屈膝提起。左手经小腿内侧托住脚跟，然后将左腿向左上伸膝扳起。（图1–36）

图 1–36

2. 也可由同伴托住脚跟向侧上扳腿。（图1–37）

图 1–37

【要点】

1. 支撑腿与上体要正直，开髋、扭肩。

2. 侧扳腿难度较大，需具备一定的柔韧素质，练习前应先做压腿、下叉练习。

3. 最好有同伴协助，逐渐用力上扳，到极限后应多耗一会，再结合做些踢腿的快速动作。

4. 左右交替练习。

（三）后扳腿

【练法】

双手前扶一物，左腿支撑；由同伴托起右腿，从身后向上扳举。（图1–38）

图 1–38

【要点】

挺胸、塌腰、展髋。

三、劈腿

（一）竖叉

【练法】

两掌侧平举或扶地；两腿前后分开成直线，以腿内侧或下侧贴地。（图1–39）

图 1–39

【要点】

1. 挺胸、立腰、沉髋、挺膝，两腿成一条直线。

2. 劈叉前，应先做压腿等练习。然后以手扶物，逐步练习向下劈腿。

3. 可辅助练习手不扶地，向下劈叉。上体配合做前俯、后仰动作，前俯时也可双手握住前脚，下颌尽力前伸，接近脚尖，并耗一会。

4. 可由同伴帮助，其两手向后扳我双肩，其脚踩我后腿根部，上下踩振，或踩住不动，适当耗一会。

5. 向前俯身也可采用此法，但最好由同伴双手按我髋部或腰部，向前、向下助力。

（二）横叉

【练法】

两掌侧平举，或在体前扶地；两腿左右分开成直线，腿内侧着地，或脚尖上跷。（图1–40）

图 1–40

【要点】

请参考竖叉。

四、控腿

【练法】

左腿屈膝上提，随之向左侧上举起，膝关节挺直，脚面绷平。（图1–41）

图 1–41

【要点】

1. 支撑腿要立直站稳。

2. 收腹、立腰，头向上顶，左腿充分上提，筋肌绷紧，膝关节挺直，脚面绷平，用力上举。

3. 侧控腿属于高难动作，是腿功的集中体现。只要坚持不断地练习压腿、扳腿、劈叉，使腿扳能过顶，叉能下到底，再多练习控腿以增强腿部筋肌力量，就可成功。

4. 练习侧控腿之前，要多做髋和腿各关节筋肌的准备活动，更易完成姿势，且可避免损伤。

5. 扳腿与控腿连接练习，效果最好。

第二章

少林童子功秘传十六势

本功共有十六势，是少林童子功的经典功法，流传很广，练者众多。

此功主使“柔劲”，动中有静，吐纳调息，徐缓内敛，细致连绵，造型美观，非常适合专修少林柔功的青少年。经常练习，可以易筋壮骨，益气增力，使人柔劲超常。

一、小童啃鞋

小童啃鞋，一种简便的腿部柔功，可以充分伸展人体后侧的韧带和经络，如胯、膝、踝关节韧带，背部、腿部后侧肌肉，以及背后督脉等，使人步履矫健、腰身灵活。

【练法】

1. 并步正身直立，两掌合十置于胸前，略垂帘含颌，静心调息。（图2–1）

图 2–1

2. 左脚向外横开一步，两脚间距约与肩同宽；同时，两掌向左右分展伸开，略低于肩，掌心向上。目视左掌。（图2–2）

图 2–2

3. 身体右转，左腿屈膝下蹲，右脚尖上跷外展，挺膝伸直，上体向右下俯；同时，两掌下落抱住右脚掌，引颈伸颔，先用额头，继用下巴接触右脚尖。（图2–3）

图 2–3

4. 双掌松开，右脚前掌落地内扣，左转体，左脚尖上跷。右腿屈膝下蹲，左腿挺膝伸直，双掌抱住左脚掌，上身向前下俯，引颈伸颌，以额头或下巴接触脚尖。（图2–4）

图 2–4

5. 松开两掌，立起上身，左脚尖内扣，两脚平行，小开步站立；同时，两掌向左右分展伸开，掌心向下，略低于肩。目视右掌。（图2–5）

图 2–5

6. 两脚并拢，两掌收于胸前合十，垂帘含颌，静心调息。（图2–6）

图 2–6

二、童身拜佛

此势与小童啃鞋类似，唯两腿一齐用力拔抻。练习时要循序渐进，量力而行，切不可急于求成，猛拉硬搬，以免造成筋肌损伤。

【练法】

1. 并步正身直立，两掌合十置于胸前，静心调息。（图2–7）

图 2–7

2. 十指交叉，伸臂上举，掌心向上，仰面目视掌背；同时，收腹提气，两脚站稳。（图2–8）

图 2–8

3. 两腿挺直，上体前倾，引颈收颌，展腰拔筋，胸部、面部与地面平行，两掌合十胸前，掌尖对鼻。（图2–9）

图 2–9

4. 动作不停，上体继续下俯，面部贴于小腿前胫，放下两掌抱住两小腿近踝关节后侧。两膝挺直，两脚并紧站稳。（图2–10）

图 2–10

5. 两手松开，向外分展，高与膝平，抬头看手，先左后右，缓缓转头；同时，深长呼吸。（图2–11）

图 2–11

6. 臀部下坐于地，两腿交叉成自然盘坐；两掌合十胸前，静心调息。（图2–12）

图 2–12

7. 左脚向前伸出，挺膝伸腿，脚尖上跷勾紧；右腿盘膝不变。同时，右掌收抱右腰间；左掌向前切出，转腰送肩，掌心对左小腿前胫，掌尖向右，高与左脚面（足大趾根节下端部位）平。目视左掌。（图2–13）

图 2–13

8. 右脚向前伸出，与左腿相并，脚尖向上。左掌收回抱于丹田前，掌尖向右；右掌向右脚伸出，掌尖对右脚面（足大趾根节下端部位），掌心向下，上身略向前倾。目视右掌。（图2-14）

图 2-14

9. 坐地伸腿不变，右掌收回抱贴肚脐，左掌心抱贴右掌背，两虎口向上。上体坐直，下颌微含，双目略垂帘，静心调息。（图2-15）

图 2-15

10. 两腿伸直不动。两掌向左右分开，展臂伸掌，上体前倾，引颈收颔，展腰拔筋，转头目视左掌。（图2-16）

图 2-16

11. 两掌向前划弧，抱住两脚前掌，屈臂向内拉劲；同时，两腿伸直，低头俯腰，面部贴近两小腿前胫；呼吸深长，缓缓拉抻腰、腿部韧带。（图2-17）

图 2-17

12. 放开双掌，抬起上身；同时，两脚盘腿内收成散盘坐。两掌向左右分展，略低于肩，掌心向下，掌尖向外；转头先视左掌，再视右掌，呼吸绵绵，松骨松筋。（图2–18）

图 2–18

13. 上身端正，两掌收于胸前合十，目光内含，放松身体，静心调息。（图2–19）

图 2–19

三、金龟望月

金龟望月，练习踝、腕、颈椎等部位的柔韧性，要求缓缓而行，呼吸深匀不乱。此势不但能使关节灵活，益气增力，还可清脑、降压，预防与理疗颈椎疾患。

【练法】

1. 并步正身直立，两掌合十胸前，略垂帘含颌，静心调息。（图2–20）

图 2–20

2. 两腿挺膝伸直，上体向前缓缓前倾下俯。两掌合十向前下落于两脚尖前地面，掌棱贴地，掌尖向前，两臂略成环状，面部略低于膝盖部位。（图2–21）

图 2–21

3. 两脚尖外展，两脚后跟相贴对，使两脚成一字状；臀部下坐，两腿屈膝下蹲；同时，上身前倾，两掌十指交叉，按于两脚跟前地面。目视两掌。（图2–22、图2–23）

图 2–22

图 2–23

4. 手脚不变。缓缓抬头引颈，仰面，眼珠上翻，注视天空。（图2–24）

图 2–24

5. 收颌低头，自然呼吸，放松颈部。目视地面。（图2–25）

图 2–25

6. 手脚不变。挺胸塌腰，头部缓缓向左转动，至极度目视体后方；然后，头部转正，再向右转，至极度目视体后方。左、右反复练习。（图2–26、图2–27）

图 2–26

图 2–27

7. 接着，手脚不变，头部做低头、仰面动作。低头时以下巴贴住天突穴，目视地面；仰面时以后脑玉枕部贴近大椎穴，目视天空。一上一下，反复练习。（图2–28、图2–29）

图 2–28

图 2–29

8. 立起上身，两脚前掌内收，并步正身；同时，两掌左右分开，展臂成一字平肩势。二目先视左掌，再视右掌。（图2–30）

图 2–30

9. 头转正，两掌下收丹田前，左掌抱贴右掌背，两拇指尖相接，下颌微含，双目下视，静心调息。（图2–31）

图 2–31

10. 两掌左右分开，向上收于胸前合十，静心调息。（图2-32）

图 2-32

四、双蛇穿柱

此势两手合十，两腿全蹲，上体前俯，引颈下探。故也叫“金鸡食米”，嘴欲触地，似鸡食米。常练使人周身灵活，屈伸便利，并能强腰壮肾。

【练法】

1. 两脚并步，正身直立；两掌合十胸前，身体放松，静心调息。（图2-33）

图 2-33

2. 左脚向外侧横开一步，间距约与肩同宽；同时，两掌向左右分开展臂，肘部略屈，掌背约与肩平，呼吸深长，运气到掌。目视左掌。（图2–34）

图 2–34

3. 左脚收于右脚内侧，并步正身直立；同时，屈臂收掌，两掌置于两肋侧，掌心向下，掌尖向前，拇指外侧贴肋部，肘尖向后拉。上体先略向右倾，然后转向左倾，转头目视左侧前下方。（图2–35）

图 2–35

4. 头部转正，上体略向前倾；同时，两掌向前插出，略低于肩，掌心向上，两掌棱相对，收腹凸臀。目视双掌。（图2-36）

图 2-36

5. 两掌缓缓外展，成一字平肩，坐腕竖掌，虎口向下，掌尖向前；同时，收腹挺胸，上体前倾。转头目视左掌。（图2-37）

图 2-37

6. 两脚脚尖外撇，随之脚跟外碾，成小开步。两腿挺膝伸直，上体缓缓下俯，直至面部贴近膝盖；同时，两掌下落，从两小腿后侧合掌于两脚踝关节内侧，掌尖向前，两前臂及肘弯紧贴两小腿外侧与后侧面。（图2–38）

图 2–38

7. 手部不变。两腿屈膝下蹲，臀部缓缓下坐，上体前俯，引颈下探。（图2–39）

图 2–39

8. 两手松开，立起上身，两腿伸膝正身直立；同时，两掌向左右分开伸展，臂伸直，虎口向前，略低于肩，挺胸收腹。目视右掌。（图2–40）

图 2–40

9. 并步正身直立。两掌向胸前收拢合十，正头颈，略垂帘含颌，静心调息。（图2–41）

图 2–41

五、一苇渡江

此势模仿达摩禅师“一苇渡江”之态，造型别致，引人入胜。

【练法】

1.并步正身直立，两掌合十胸前，垂帘含颌，静心调息。（图2–42）

图 2–42

2. 身体左转，左脚向左前上一步，脚后跟着地，脚尖上跷，挺膝伸直，右腿屈膝略蹲；同时，两掌向左右分展，略与肋平，虎口向下，上体略向前倾。目视左掌。（图2–43）

图 2–43

3. 左脚前掌落地，两腿屈膝下蹲；左掌下落按扶于左膝盖上；右掌下落抓住左脚后跟，虎口向上，掌根托住左脚踝关节外侧向前推劲，使左脚跟悬离地面。（图2–44）

图 2–44

4. 左掌向左前落下按于地面，上身前俯；右掌抓住左脚后跟缓缓用力，翻转脚跟。（图2–45）

图 2–45

5. 左脚跟翻转后不动，松开右掌，抬头立身。左掌屈臂向左转，高与肩平，掌心向下；右掌向左前伸臂，掌心向下，掌尖向前，高与肩平，两脚站稳，两手如开弓之势。目视右掌。（图2–46）

图 2–46

6. 两脚不动，上体右转，右掌收于胸前，掌心向下，掌尖向左；左掌收于腹前，掌心向上，掌尖向右，两掌犹如抱球之势。目视左前方。（图2–47）

图 2–47

7. 右脚向左盖步，左腿伸出，脚面贴地，脚掌向后方；同时，左掌向左上抬，屈臂架掌于头部左前侧方，虎口向下；右掌向臀部后方撑出，虎口向下，拧腰转头。目视右后侧方。（图2–48）

图 2–48

8. 身体左转，左脚掌贴地，右脚尖外撇，左脚尖对右脚外踝关节，右腿屈膝，左腿挺直；同时，两掌握拳，屈臂收于胸腹前，右上左下，如抱球状。目视右脚后跟。（图2–49）

图 2–49

9. 两脚不动，左拳后收，拳背贴于腰部（命门穴部位）；右拳变掌，屈臂左推，立掌于左肩前侧，掌尖向上，掌心向左。头右转，目视右前方。（图2-50）

图 2-50

10. 右脚收于左脚内侧，并步正身直立；两掌合十胸前，垂帘含颌，静心调息。（图2-51）

图 2-51

六、坐水卧鱼

卧鱼势，一种练习腿部力量和平衡能力的传统方法。要求练习者以一腿斜插悬伸，另一腿单足支撑，保持身体平衡，并且可起落自如，难度不小。其定势，如鱼卧水底，静止不动，简称“卧鱼”，亦称“坐鱼势”。

【练法】

1. 并步正身直立，两掌合十胸前，垂帘含颌，静心调息。（图2–52）

图 2–52

2. 左脚向左侧横开一步，两脚间距约与肩同宽；同时，两掌向左右撑开，掌尖向上，凝神运气。目视右掌。（图2–53）

图 2–53

3. 左脚踏地站稳，屈膝下蹲；同时，右脚从左腿后侧向左方伸出，悬空离地，脚尖勾紧；两掌合十胸前。目视右脚尖。（图2–54）

图 2–54

4. 收回右脚，立起上身。左脚向右后侧插步伸腿，脚面贴地，脚掌翻起；右腿屈膝，上体右转；两掌左右分展，左高右低。目视右掌。（图2–55）

图 2–55

5. 右脚站稳，屈膝下蹲；同时，左脚尖勾起，悬空离地，左掌屈臂架掌于左上方，右掌向左脚尖推近。目视右掌。（图2–56）

图 2–56

6. 收回左脚，立起上身，两脚开步站立；同时，两掌左右展开，与肩在同一线上，掌心向上。目视左掌。（图2–57）

图 2–57

7. 左脚收拢，并步正身直立，两掌合十胸前，垂帘含颌，静心调息。（图2–58）

图 2–58

七、开天辟地

开天辟地由朝天蹬、跌叉两个动作组成，是非常传统的柔功，功成之后双腿灵活超常。但需要长期练习才能达标，读者尤须注意，没有一定基础的不要贸然而猛劲落地劈叉，以免拉伤韧带，或因跌地而对身体造成其他伤害！

【练法】

1. 两脚开步，与肩同宽，身体正立；两掌合十胸前，垂帘含颌，静心调息。（图2–59）

图 2–59

2. 两掌向左右分开伸展，一字平肩，掌心向上。目视左掌。（图2-60）

图 2-60

3. 身体重心移于左腿，屈膝下蹲；右腿盘膝上抬，搁置于左大腿上。两掌内合于胸前成合十掌，静心调息。目视前方。（图2-61）

图 2-61

4. 右掌下落按扶于右膝上，左手下落抓住右脚，左脚站稳，气宜下沉。（图2–62）

图 2–62

5. 左腿站直，左手抓住右脚缓缓向上蹬直，举于头部右侧，上下垂直，力达脚跟；右掌屈臂立于右胸前，掌尖向上，掌心向左。目视前方。（图2–63）

图 2–63

6. 左手松抓，右脚落地，两脚开立与肩同宽；同时，两掌向左右分展，掌心向上。目视左掌。（图2–64）

图 2–64

7. 接着练左举腿，动作与右举腿相同，唯姿势相反。（图2–65、图2–66）

图 2–65

图 2–66

8. 身体向左侧身跌地，成左劈腿，两腿一线，纵叉落稳。（图2–67）

图 2–67

9. 松开右手，立起上身向右转，勾右脚尖，两腿贴地成右劈腿。两臂前后伸展，虎口向下。目视左掌。（图2–68）

图 2–68

10. 两腿用力收纵跃起，开步与肩同宽，正身直立；同时，两掌向左右上侧方伸臂举掌，掌心向上。目视左掌。（图2–69）

图 2–69

11. 两掌向头顶上方合拢，向下收于胸前合十。（图2–70）

图 2–70

12. 左脚收于右脚内侧，并步正身直立，垂帘含颌，静心调息。（图2-71）

图 2-71

八、佛童指路

佛童指路一势，多加练习，可以提高膝、胯等关节的柔韧度，为日后坐禅练静功打下牢固基础。

【练法】

1. 自然盘腿坐于地面，两掌合十胸前，垂帘含颌，静心调息。（图2-72）

图 2-72

2. 两掌左右分展。上体略向左转，两掌前后撑开。目视右掌。（图2–73）

图 2–73

3. 左掌下落抱于腰间，左脚抬起向前蹬伸，右掌随之抓住左脚掌。（图2–74）

图 2–74

4. 右掌抓住左脚向右大腿上侧收放，左手协助。（图2–75）

图 2–75

5. 将右脚扳起，放于左大腿上面，两小腿交叉，两脚心向上，完成双盘坐势。然后，上身端正，左手成拳抱于腰间；右手成剑指向左前侧伸臂推出，臂高与肩平，指尖与下巴平，虎口向上，意念集中，气贯剑指。目视右手。（图2–76）

图 2–76

6. 上体前俯，头部右侧触地。右手剑指向右后收，屈肘贴于后背；左拳变剑指向左上方伸出，臂伸直，指尖向上。目视左手。（图2–77）

图 2–77

7. 左手下落贴背，右手伸臂指天，目视右手。左右轮换，动作柔缓，一左一右，反复练习。（图2–78）

图 2–78

8. 上身端正，右手下收，屈肘于右肩前侧，虎口向下，掌尖向左；左掌向左伸出，高与肩平，虎口向下，掌心向外。目视左掌。（图2–79）

图 2–79

9. 双掌内收，合十胸前，垂帘含颌，静心调息。（图2–80）

图 2–80

九、二指禅功

二指禅功，是一势增强指力的功法，主要练习食、中二指，要缓缓从事，不得着急，以免受伤。随着指力增长，渐渐增加练功时间，功成之后，指硬如铁，可点打穴道。

【练法】

1. 双盘坐于地面，两掌合十胸前，垂帘含颌，静心调息。（图2–81）

图 2–81

2. 右掌变拳收抱腰间；左掌成剑指，运气缓缓向左前侧推出，略与肩平，指尖向上，手心向前。目视左指。（图2–82）

图 2–82

3. 左手食、中二指微张开，下落于左膝前方撑地。（图2–83）

图 2–83

4. 重心前移，臀部离地，两膝头撑地，重心移至左手二指；同时，右拳变掌，屈臂立于右胸前，掌尖向上。目视右侧方。（图2–84）

图 2–84

5. 右掌变剑指微张，下落撑地于右膝前侧，左手变掌上收，屈臂立掌于左胸前侧，掌尖向上。目视左侧方。（图2–85）

图 2–85

左右手交替而行，反复练习。

6. 臀部落地，双盘坐稳；两掌向左右分展，成一字平肩，虎口向下。目视右掌。（图2-86）

图 2-86

7. 两掌收于胸前合十，垂帘含颌，静心调息。（图2-87）

图 2-87

十、迎佛飞天

迎佛飞天，内外兼修，要求深吸慢呼，合中提气，腹肋收紧，双拳贯力。功成之后，双拳可碎砖石，腹肋能抗击打。

【练法】

1. 双盘坐于地面，两掌合十胸前，垂帘收颌，静心调息。（图2–88）

图 2–88

图 2–89

2. 两掌伸臂上举，左掌面托住右掌背，掌心向上。两臂尽力上抻，腰背暗劲抻拉。仰面目视掌背。（图2–89）

3. 两掌沿面前下落，至胸前时向左右撑开，两臂平肩，掌尖向上。目视左掌。（图2–90）

图 2–90

4. 两掌向前内合，至与肩同宽时向前推撑，运气于掌，两臂伸直，掌尖向上。目视前方。（图2–91）

图 2–91

5. 两掌下收，至臀部两侧地面时握拳，拳面撑地。随后，以两拳面为支点，伸臂撑力，身体悬空，收腹屏气，坚持数秒。（图2–92）

图 2–92

6. 臀部落地，双盘坐不变。两拳变掌向左右外展，伸臂平肩，掌心向外，掌尖向前。目视左掌。（图2–93）

图 2–93

7. 放松身体，两掌合十胸前，垂帘含颌，静心调息。（图2–94）

图 2–94

十一、蛤蟆喝水

蛤蟆喝水，顶肘悬身，主要练习“肘劲平衡”“以肘为顶”，肘如千斤顶般而顶起全身，练之可迅速增长肘力及腕力，功效显著。

【练法】

1. 双腿盘坐于地面，两掌合十胸前，垂帘含颌，静心调息。（图2–95）

图 2–95

2. 右掌变拳抱于腰间；左掌向左前侧方伸臂推出，高与肩平，掌尖向上。随即，左掌运气旋指，扣握成拳，拳心向下，拳面向前。（图2-96、图2-97）

图 2-96

图 2-97

3. 左拳收抱腰间；右拳变掌向前伸臂推出，五指张开，掌尖向上。随即，右掌运气旋指，扣握成拳，拳心向下，拳面向前。（图2-98、图2-99）

图 2-98

图 2-99

4. 右拳收抱腰间，随即与左拳一齐上收于两乳旁，挺胸收腹，肘向后拉，吸气运力，含颌低头。目视地面。（图2–100）

图 2–100

5. 两拳下落，变掌撑于两小腿前地面，掌尖向里，掌根向前，虎口向外。随之，重心前移，两臂伸直，两膝撑起。目视前方。（图2–101）

图 2–101

6. 两臂屈肘，肘顶腹部，上体前探，臀部及盘腿缓缓向后抬起，身体悬空，身体重心以两掌支撑，下颌前探贴近于地面，收腹屏气，保持平衡。（图2–102）

图 2–102

7. 盘腿缓缓下落，两膝撑地，上体抬起。（图2–103）

图 2–103

8. 臀部落地，双盘坐稳，立正上身；两掌离地向左右分展，高与肩平，虎口向下，上体略向左倾。目视左掌。（图2-104）

图 2-104

9. 两掌内收，合十于胸前，垂帘含颌，静心调息。（图2-105）

图 2-105

十二、懒僧拜佛

懒僧拜佛，主要练习臂部柔韧，腕节、肘节、肩节要柔绵一体，并与盘坐结合起来，曲折有致，对人体柔功标准要求较高。

【练法】

1. 双腿盘坐于地面，双掌合十于胸前，垂帘含颌，静心调息。（图2-106）

图 2-106

图 2-107

2. 上体前俯，胸部贴地，两掌合十于面部前方地面，两前臂贴地，掌尖向上，双腿盘紧。（图2-107）

3. 两掌左右分开，向后划弧屈臂，两掌合十于后背脊柱，掌棱贴背脊，掌尖向后脑，胸、腹部贴地，两腿盘紧。昂首目视前方。（图2-108）

图 2-108

4. 两掌松开，回复于面前地面合十，头向左转。目视左侧方。（图2-109）

图 2-109

5. 立起上身，盘腿坐直；两掌分开，屈肘左右张抬，约与肩平。两掌置于两肩前，掌心向下，掌尖相对。目视前下地面。（图2–110）

图 2–110

6. 两掌沿肋前下落，向外、向上划弧，两掌合十于胸前，垂帘含颌，静心调息。（图2–111）

图 2–111

十三、倒转乾坤

倒转乾坤为倒立势，两腿盘紧上举，头手倒立，坚持为功。要提起精神，炯起双目，合紧牙齿，呼吸和顺。常练此功可以使人颈部粗壮，头顶有力，因此提高头部的攻击与抗击能力。

【练法】

1. 双腿盘坐于地面，两掌合十于胸前，垂帘含颌，静心调息。（图2-112）

图 2-112

图 2-113

2. 身体重心前移，上体前俯，额头点地；同时，两掌向前放下按地，屈肘竖臂，两后臂约与肩平，两膝跪地，两腿盘紧，形成“五点撑地”。（图2-113）

3. 头、手撑地用力，盘腿倒立而起，自然呼吸，坚持数秒。（图2–114）

图 2–114

4. 盘腿落地坐稳，立起上身；两掌向左右伸展，一字平肩，虎口向下。目视左掌。（图2–115）

图 2–115

5. 两掌内收，合十胸前，垂帘含颌，静心调息。（图2–116）

图 2–116

十四、青龙盘窝

青龙盘窝，是一种静功柔术，要求舒松身体，排除杂念，呼吸顺遂，并要循序渐进，不宜操切从事。

图 2–117

【练法】

1. 双腿盘坐于地面，两掌合十胸前，垂帘含颌，静心调息。（图2–117）

2. 右掌变拳抱于腰间；左掌向左前侧缓缓推出，高与肩平，掌尖向上。目视左掌。（图2–118）

图 2–118

3. 左脚放于地面，右脚向前伸蹬；同时，左掌抓住右脚掌，挺胸收腹，腿、臂伸直。目视右脚。（图2–119）

图 2–119

图 2–119 附

4. 左手扳住右脚，向脑后牵拉；左腿随之伸出，身体仰卧，后脑枕于右小腿内侧。（图2–120）

图 2–120

5. 右手将左脚搬向脑后，与右脚交叉，两脚面相扣；以肩背部着地，仰面，臀部向上；两掌向左右分展，两后臂外侧担于两膝弯上。目视前斜上方。（图2–121）

图 2–121

6. 两掌向裆前收拢合十，掌棱向上，目视双掌，成仰卧拜佛状。静心调息，坚持为功。（图2-122）

图 2-122

7. 两腿放开，臀部落地坐起，两腿自然盘坐于地；两掌左右展开，伸臂平肩，虎口向下。目视左掌。（图2-123）

图 2-123

8. 两掌内收，合十胸前，垂帘含颌，静心调息。（图2–124）

图 2–124

十五、二龙戏珠

二龙戏珠，以柔功结合顶功，有内外兼修之效，内强丹田气，外增腰腿柔韧力与手臂持久力。

【练法】

1. 两腿自然盘坐于地，两掌合十胸前，垂帘含颌，静心调息。（图2–125）

图 2–125

2. 上体略左转，两掌向左右分展抻开，高与肩平。目视右掌。（图2–126）

图 2–126

3. 右掌变拳抱于腰间，右脚向前伸腿蹬出；左掌抓住右脚掌，向内后拉，盘腿于颈后。（图2–127、图2–128）

图 2–127

图 2–128

4. 接着，右手抓住左脚向上扳，举架于脑后，与右脚交叉；含颌低头，两掌按于地面。（图2–129）

图 2–129

5. 两掌撑地，用力伸臂，身体悬空。两掌用力保持身体平衡，静心调息，坚持数分钟。（图2–130）

图 2–130

6. 两脚分开落地，自然盘坐于地面，立正上身；两掌向左右分展，虎口向下，高与肩平。目视左掌。（图2–131）

图 2–131

7. 两掌内收，合十胸前，垂帘含颌，静心调息。（图2–132）

图 2–132

十六、罗汉睡卧

罗汉睡卧，是一种独特的静态练功方法，用单肘和单脚支撑，使身体悬空并保持平衡，需要很大的体能耐久力。

此势形同睡觉，但可暗练大力，主要增强肘节坚硬度与臂部持久力。功成之后，肘部可碎石断木，攻击力剧增。

【练法】

1. 双腿自然盘坐于地，两掌合十胸前，垂帘含颌，静心调息。（图 2–133）

图 2–133

图 2–134

2. 身体向左侧卧下，左臂伸直于左侧方地面，左掌贴地，右掌屈臂按于左肋前地面；同时，右腿屈膝，脚掌踏地，左腿伸直，整腿的外侧面贴地。目视左掌。（图 2–134）

图 2-135

3. 左掌收于左耳侧变拳，拳面抵住左脸颊，屈臂，肘尖拄地；同时，右脚踏地与左肘撑地，使身体悬空；右掌变拳，屈肘上抬，拳面贴于右脸颊。心平气静，保持姿势不动，以数数为记，渐次增多为宜。（图2-135）

4. 臀部落地，收左腿，自然盘坐于地；同时，两拳变掌，向左右分展，略低于肩。目视右掌。（图2-136）

图 2-136

图 2-137

5. 两掌合十胸前，垂帘含颌，静心调息。（图2-137）

6. 接着练习右势“罗汉睡卧”，练法与左势相同，唯方向相反。（图2-138～图2-141）

图 2-138

图 2-139

图 2-140

图 2-141

第三章

少林童子功秘传十八势

本功共有十八势，是少林童子功的优秀功法。

此功主使“顺劲”，动作顺溜，刚中有柔，开合分明，轻捷多变，非常适合青少年练习。

经常练习，可以灵活肢节，抻筋拔骨，提高韧劲，强壮身体。

一、坐马托天

马步是武术的重要步形，本势把马步练习和双掌上托下按、上身的屈伸结合起来，使腿部肌肉得到锻炼；同时，通过上托下按、上身俯伸，配合呼吸使内脏得到运动与调整，畅通气血，祛病防病，强健身体。

【练法】

1. 马步蹲立，两手握拳收于腰间，拳心向上。两眼平视正前方。（图3–1）

图 3–1

图 3–2

2. 两拳变掌，掌心向上，从身体两侧上举，至头顶上方，十指交叉，掌心向下。再翻掌使掌心向上，缓缓用力向上托起，身躯略向上抬。（图3–2）

3. 两掌由上向前、向下按；同时，弯腰，直至两掌按地，马步不变。（图3–3）

图 3–3

4. 两掌向内、向上翻掌，双手如捞物状，直捞至腹前；同时，正身直立。（图3–4）

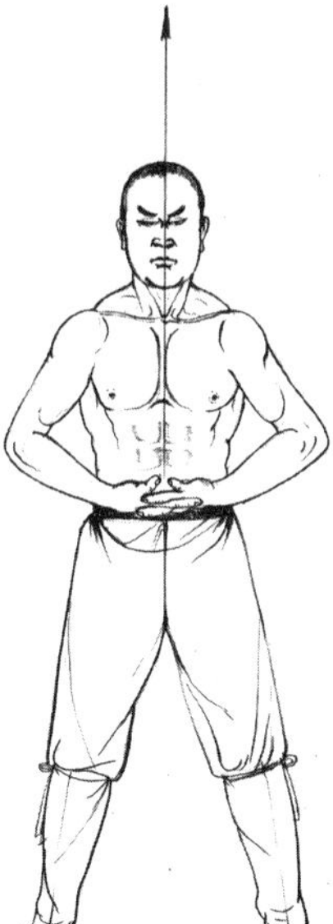

图 3–4

5. 两掌向外翻转，直臂上托。（图3–5）

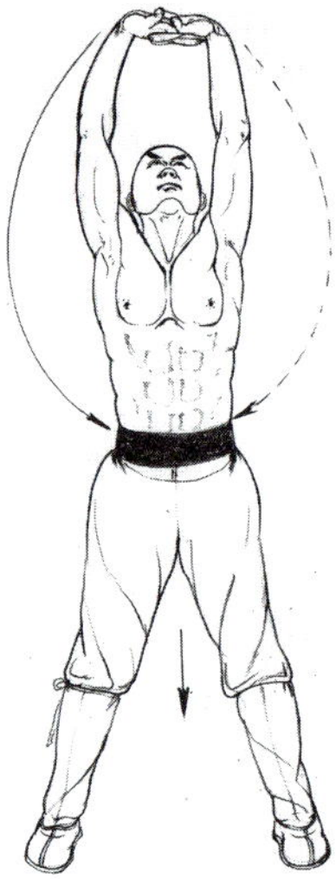

图 3–5

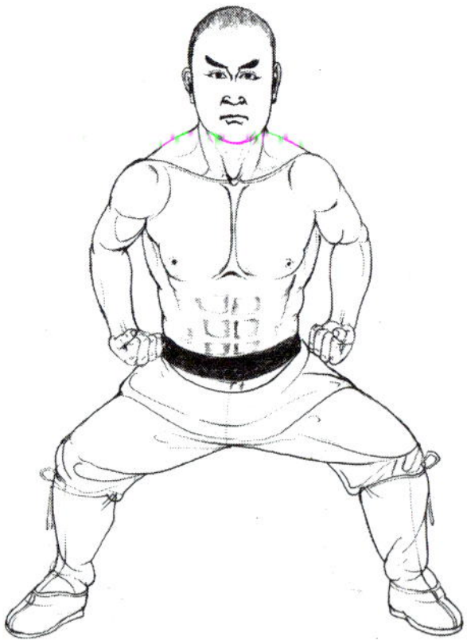

6. 两掌松开，向左右下落，抱拳于腰间；同时，两腿屈膝半蹲，成马步。目视前方。（图3–6）

反复练习，次数自定。

图 3–6

【要点】

1. 动作宜慢，呼吸要自然、深长、细匀，不可勉强，不可故意憋气。

2. 上托、下按过程中，十指始终保持交叉。

二、千斤坠落

此势主要练习腿部伸展与自控能力，以及单腿的平衡能力。

【练法】

1. 左拳拳心向上收于腰间，右臂向前伸直成立掌，掌心斜向前；右腿直立，左脚脚尖上跷，向前伸平，膝关节挺直。（图3–7）

图 3–7

图 3–8

2. 右腿屈膝下蹲，蹲至臀部接近小腿。（图3–8）

3. 挺右膝，上身直立。反复练习，继换左腿。

【要点】

1. 单腿屈伸，宜缓慢。在起坐过程中，前伸腿不得弯曲，应始终挺直。

2. 下蹲时，支撑腿的膝部应向前倾斜，臀部不可压在小腿上。

三、勾腿盘旋

此势中，胯关节、踝关节都参与运动，因此可提高其灵活性，增强柔韧力。

【练法】

1. 两腿屈膝下蹲；左臂伸直，左掌按于裆前，掌心向下；同时，右臂直臂上举于头部上方，掌心向上。（图3–9）

图 3–9

图 3–10

2. 左腿向后仆地斜伸，全脚掌着地，脚尖内扣。（图3–10）

3. 左腿从后向前弧形扫踢，扫到正前方。（图3–11）

图 3–11

4. 屈膝回收，成马步下蹲。（图3–12）

图 3–12

如此反复练习，继换右腿扫踢。

【要点】

1. 腿向后伸，一定要伸直。扫踢时，要勾脚尖，膝部挺直。

2. 扫腿路线，要成弧形。

3. 上体要保持稳定，不可左右摇晃。

四、左右晃臂

少林武术十分重视腰部柔功，“腰如蛇行步赛钻”，此势可增加腰椎灵活性，为以腰发劲打好坚实基础。

【练法】

1. 开步站立，两脚距离略比肩宽；两臂向前平伸，上身前俯。（图3–13）

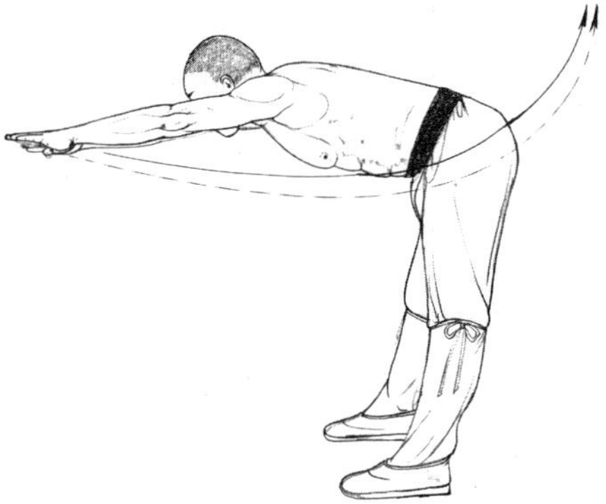

图 3–13

图 3–14

2. 以腰为轴，双臂从前向左、向后转动，转到身体正后方。（图3–14）

3. 略停，双臂从后向右、向前转回原地。（图3–15）

图 3–15

上述动作反复练习。

4. 然后，双臂从前向右、向后转至身后方，略停，复原。动作与左转相同，唯方向相反，反复练习。

【要点】

1. 应以腰为轴，转身甩臂。双臂在前时上身前俯，双臂转至身后时上身后仰。

2. 动作应逐步加快，切莫突然加速。

五、铁牛耕地

此势主要增强手指及双臂耐力。初练时可五指撑地，随着功力的长进，可逐步递减手指，直至以食指撑地。

【练法】

1. 两脚开立，距离略比肩宽；上身下俯，双臂伸直，十指撑地，臀部向后上方凸起，牵引上身向后。（图3–16）

图 3–16

2. 上身逐渐向前、向下；同时，配合屈臂，胸部降低，接近地面。（图3–17）

图 3–17

3. 双臂用力向上撑起，上身向后、向上运动，还原成图3–16势。

反复练习。

【要点】

力量与意念，应集中在撑地的十指及双臂上。

六、龙盘玉柱

筋长一分，灵巧十分。此势主增腰部灵活性，并可提高腿部肌腱的伸展机能，使其更具弹性。

【练法】

1. 两脚分开，与肩同宽；上身前俯，双手抱紧左踝关节处。（图3–18）

图 3–18

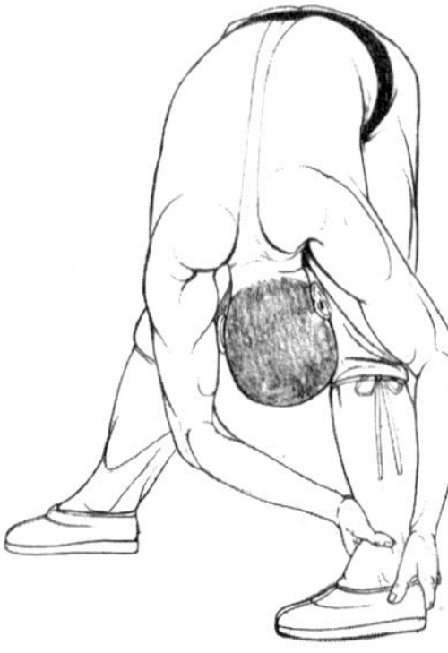

图 3–19

2. 面部尽量贴近小腿。（图3–19）

3. 然后，双手抱紧右踝处，头随即移向右小腿旁。

左右反复练习。

【要点】

1. 弯腰前俯时，两腿始终伸直，不得弯曲。

2. 上身前俯时，不可凹胸，头顶要尽量接触脚面。

七、鹞子入林

此势可提高身体平衡的能力。如在平衡动作中，再增加练习冲拳和蹬腿，能快速提高实战成效。

【练法】

1. 右腿直立，左腿屈膝提起，脚尖勾起停于右腿旁；同时，两臂屈肘握拳置于两耳旁，拳心向前，高与耳平。（图3-20）

图 3-20

图 3-21

2. 然后，上身缓缓向后平倒，右腿支撑不动，双拳向头顶方向冲出；同时，左腿挺膝向左侧蹬出，尽量使上身与地面成平行状。（图3-21）

如此反复练习。

3. 再换左腿支撑，右腿蹬击。

【要点】

1. 支撑腿的脚尖，不要向正前方，可向外略偏。

2. 第二动可静站一两分钟。

3. 冲拳与蹬腿，要同时进行，迅速有力，回收要快。

八、坐马纵跳

此势旨在练习在运动中保持步形的稳定，充分发展腰腿的力量和前脚掌的蹬弹力。前脚掌蹬弹力的大小，将直接决定技击中步法进退之快慢，是少林武术中必不可少的重要练习。

【练法】

1. 两腿马步站立，间距自感舒适为宜；双臂平伸胸前，两掌掌心向上。（图3–22）

图 3–22

2. 随即，双腿以前脚掌用力点地，身体腾空而起，在空中旋转180° 。落地后，仍保持马步前伸臂姿势。（图3–23）

图 3–23

反复练习至力乏而止。

3. 辅助桩功：双臂前平伸，掌心向下；马步站立，两膝撑劲，大腿平，小腿直，提起双脚脚跟，以前脚掌着地。头顶颈竖，松肩收腹，直背塌腰；气沉丹田。每日静站两次，每次5分钟，逐渐增加到半小时。（图3–24）

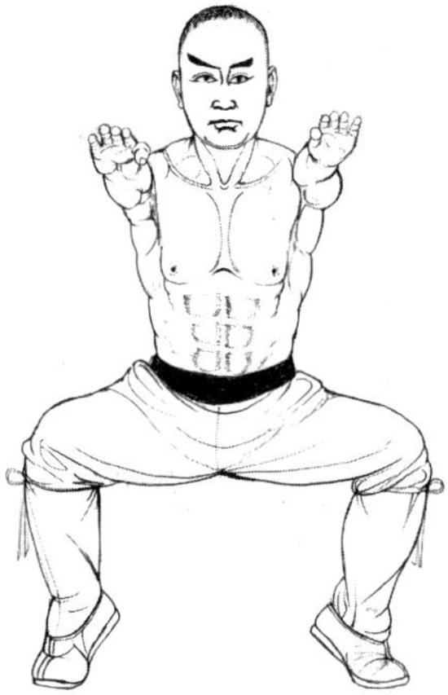

图 3–24

【要点】

1. 起跳和转体要配合好，切莫脱节。

2. 需用脚前掌之弹力起跳。

九、白蛇吐芯

此势旨在提高动作之灵敏性与协调性，使身体在运动中，始终保持不偏不倚的平衡能力。

【练法】

1. 右腿伸膝直立，左腿屈膝提起；双手成剑指（食指、中指伸直，无名指、小指弯曲，大拇指扣在无名指、小指上，又称“蛇形指”），伸臂下垂体侧。（图3–25）

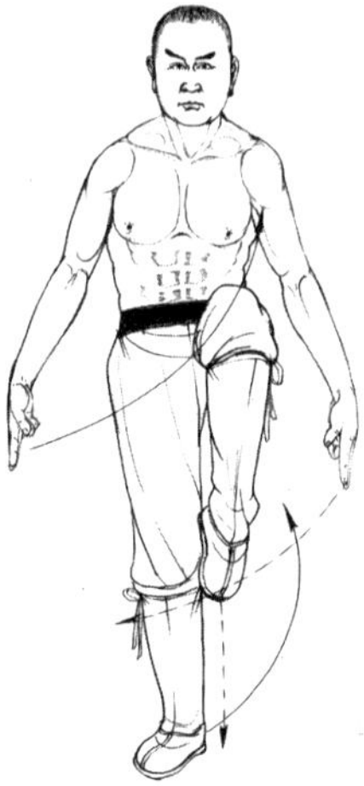

图 3–25

2. 右腿用力蹬地起跳，左脚落地屈膝半蹲，右腿屈膝横架左膝上；右剑指向上斜伸左肩前，左剑指向下斜伸裆前。（图3–26）

图 3–26

3. 上身直起，左腿伸直，右腿屈膝提起。（图3–27）

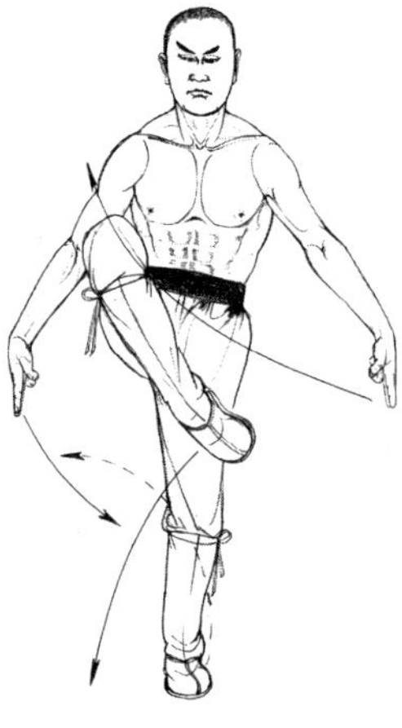

图 3–27

4. 左腿蹬地起跳，落地时右腿屈膝半蹲，左腿横架右膝上；右剑指向下斜伸裆前，左剑指向上斜伸右肩前。（图3–28）

图 3–28

按上述动作，左右连续起跳轮换练习。

【要点】

1. 半蹲时，膝部略前倾，小腿应向前倾斜，胯部比膝部略高。

2. 屈膝盘腿与双剑指的动作，应同时完成。

十、十字叉功

竖叉，可增加髋关节前后屈展幅度；横叉，可增加髋关节外展幅度。两者合一称为“十字叉”，结合练习，效果更佳。

【练法】

（一）竖叉

1. 两腿分别向身前和身后缓慢柔和地贴地劈开，左腿脚尖勾起上跷，上身竖直正对左腿；右腿以腿前侧贴地，脚背绷直。双手向前抱住左脚，上身前俯贴于左小腿上，头顶向左脚。（图3–29）

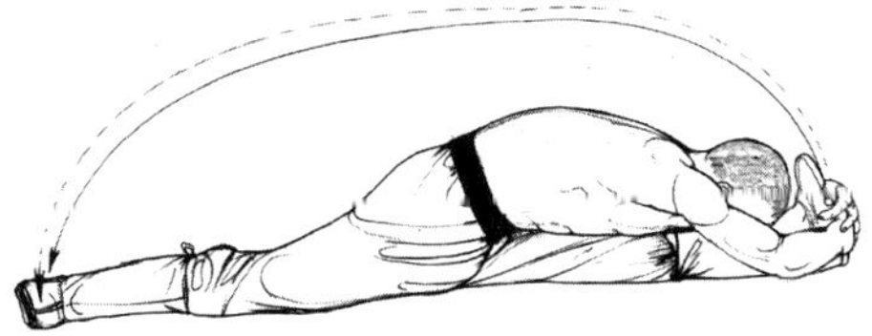

图 3–29

2. 双手放开左脚，在身旁两侧按地，上身直起，双腿略回收。随即，上身转向右腿，变右腿在前的姿势，其余练法同左腿。（图3–30）

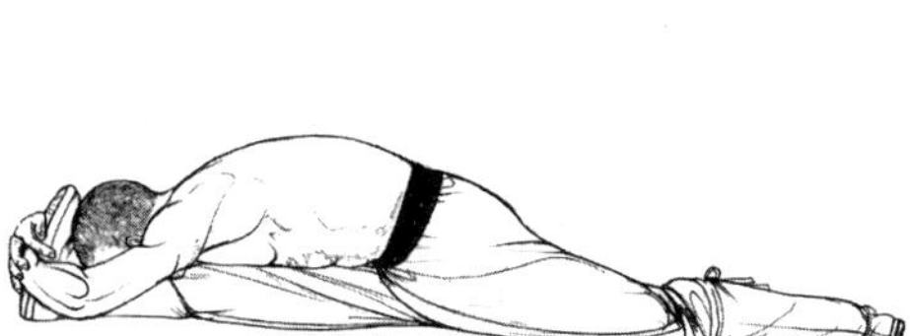

图 3–30

（二）横叉

1. 双腿徐徐向左右贴地劈开，以腿部后侧贴地，脚尖上跷。（图3-31）

图 3-31

2. 上身侧倒在右腿上，右臂向左伸置裆前地面，左臂伸向头部，用左手抓住右踝部。（图3-32）

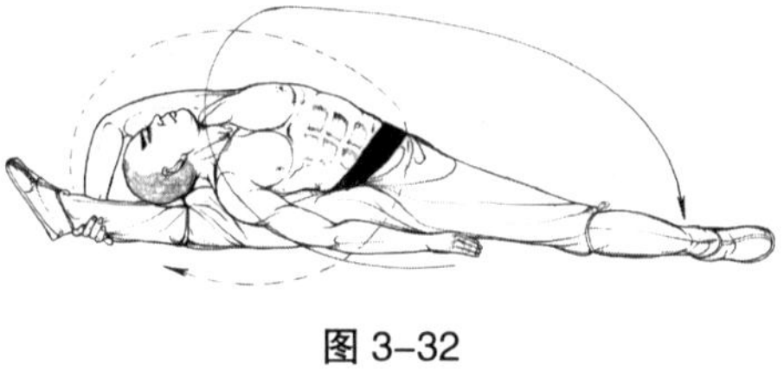

图 3-32

3. 松开左手，上身直起侧倒于左腿上，右手从头部伸过去抓住左踝部。（图3-33）

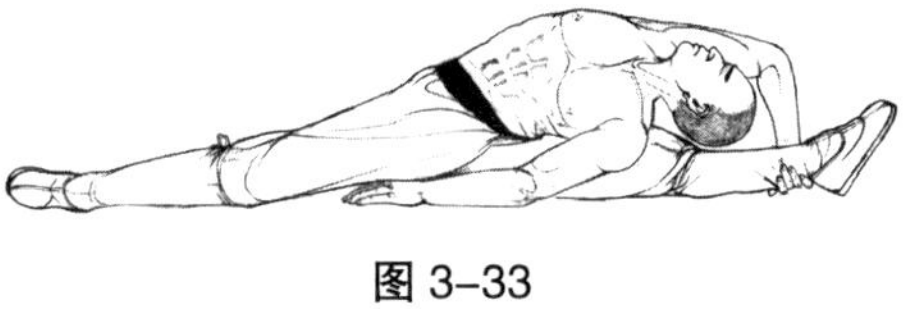

图 3-33

如此反复练习。

【要点】

1. 两腿劈开，不可过猛，以免拉伤肌腱。

2. 劈叉时，两膝要尽量挺直。

十一、大鹏展翅

此势单腿支撑旋转和俯身平衡相结合，主要提高在高速运动时克服和利用惯性的能力，为实战旋踢打好基础。

【练法】

1. 右腿伸膝直立，左腿向后上方斜伸高举，脚尖绷直，全身重心落在右腿上；双臂向两侧平伸，上身前俯与支撑腿成直角。（图3–34）

图 3–34

2. 左腿用力向左旋转一周；略停，再向右旋转一周，反复练习。换左腿支撑身体旋转，反复练习。

【要点】

旋转时，支撑腿膝部关节不可弯曲，上身与后伸之腿始终要保持平直。

十二、鸳鸯坐浮

此势取鸳鸯贴水浮行之形，来锻炼腿部肌肉的收缩功能，进一步提高动作的灵敏性、协调性。

【练法】

1. 两脚并立，屈膝全蹲；两臂向前平伸，掌心向下。（图3–35）

图 3–35

2. 左脚向前平踢，脚尖勾起；同时，两掌拍击左脚尖。（图3–36）

图 3–36

3. 在左腿屈膝下落的同时，右脚向前平踢，脚尖勾起，两掌拍击右脚尖。（图3–37）

图 3–37

4. 右脚屈膝下落，踢出左脚。如此左右交替练习，至力乏而停。

【要点】

1. 右脚踢出，应在左脚落地之前蹬地起跳，不能等左脚落地后再起跳。

2. 动作应有力、迅速，上身平稳，切勿忽高忽低。

十三、跪肘悬身

多练此势，可迅速增长双臂力量，并发展胸部肌肉。此势也可作为铁掌功、铁拳功的基本桩功。

【练法】

两臂屈肘以双掌撑地，掌尖向前，身体悬空，上身前俯。然后，双腿屈膝跪在两肘及后臂后外侧部，静止一会。（图3–38）

图 3–38

【要点】

1. 跪肘后，头部应向上抬起。

2. 开始练习时可找同伴相扶。也可背靠墙体，跪肘后脚尖略靠墙面，以后随着功力的加深逐渐脱离。

3. 静止时间应逐渐加长，根据功力增进而延长。

十四、蜈蚣蹦跳

蜈蚣蹦跳为地躺之常见功法，可增强腰臂的筋肌力量，使动作敏捷、协调一致。

【练法】

1. 两臂屈肘，双掌撑地，双掌间距离与肩同宽，掌尖向前；两腿并拢，以脚尖点地。全身俯卧，胸部离地约6厘米，头至脚成一直线。（图3–39）

图 3–39

2. 由腰部带动两掌，两脚脚尖用力向上弹跳，离地约30厘米。在空中身体向前运动、落地，两手直臂支撑。（图3–40）

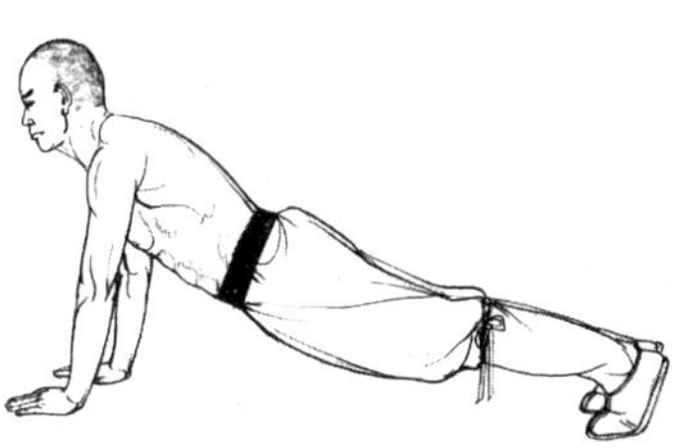

图 3–40

然后屈双臂下俯身，再向前弹跳。反复练习。

3. 接着，依次退回原地，此为蜈蚣纵跳。（图3–41、图3–42）

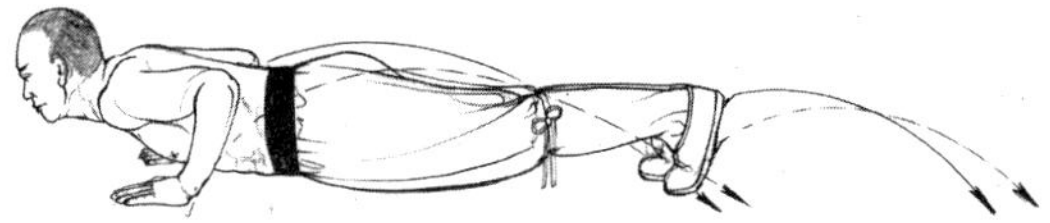

图 3–41

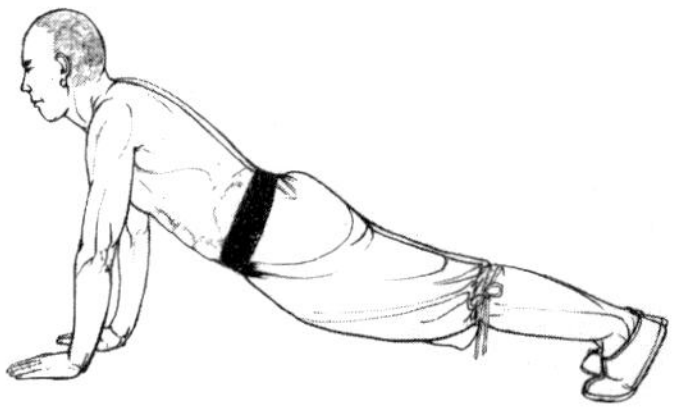

图 3–42

4. 身体弹起后向旁侧落地，为蜈蚣横蹦。

5. 身体弹起后双掌向左落地，双脚向右落地，也就是原地转圈蹦跳，为蜈蚣旋蹦。（图3–43）

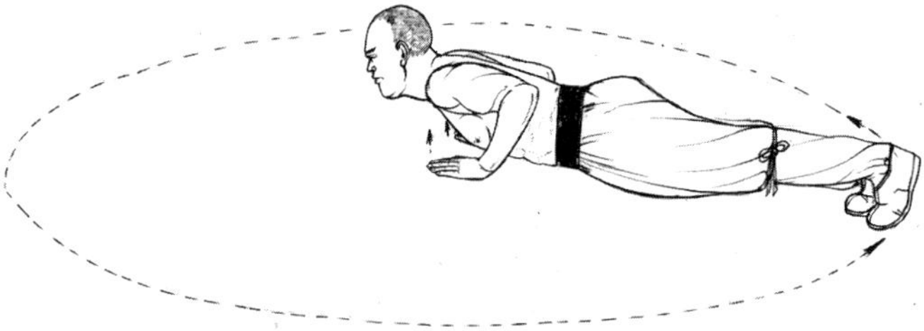

图 3–43

【要点】

1. 蜈蚣蹦跳难度较大，练习时应以腰为轴，两臂先抬后落。两臂落地的同时两脚跳起，脚落而臂起，快而不乱，方为得法。

2. 蹦跳时，腰部应挺直，不可凸臀、弯腰。

十五、壁虎爬墙

此势为“壁虎游墙术”的初级功法，是少林“七十二艺”之一，可增强臂、指、脚跟的力量。

【练法】

1. 身体仰卧，双掌撑地，间距与肩同宽，手指尖指向双脚方向，屈肘；双腿伸直，脚后跟着地，臀部离地面约6厘米。（图3-44）

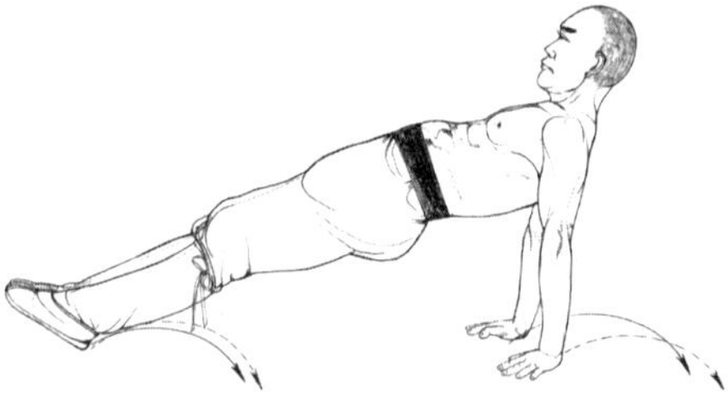

图 3-44

2. 腰部及四肢用力撑地，身体向上腾空跃起，全身向头顶方向运动，然后落地再跳。反复练习几次，依原路蹦回。

【要点】

1. 初练时，双掌着地。随着功力增长，可用十指撑地，掌心含空。

2. 此功夫可如蜈蚣蹦跳那样，练习纵行、横行两法。

十六、猛虎俯身

此势主要提高双臂肌肉及双腿肌腱的力量，但比俯卧撑运动量要大。

【练法】

1. 两掌直臂撑地，间距与肩同宽，指尖向前；两腿并拢伸直，足尖点地，身体俯卧，全身成一直线，腰用力不要弯曲。（图3–45）

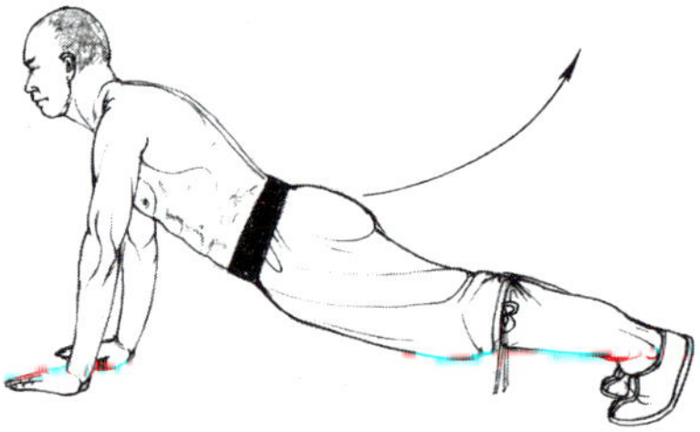

图 3–45

2. 臀部慢慢向后上凸起，身体从前向后移动，手脚位置不变，成弓形。（图3–46）

图 3–46

3. 上身由后向下、向前弧形移动，直至胸部接近地面。（图3–47）

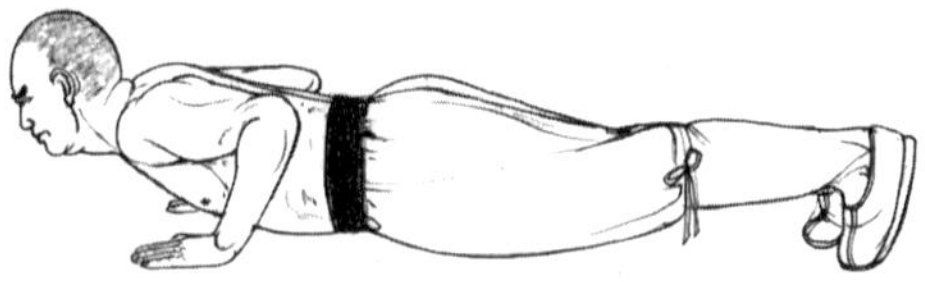

图 3–47

4. 然后两臂用力伸直，上身由前向上、向后做弧形运动，还原成图3–46姿势。多加练习，次数渐增。

【要点】

1. 上身由后向前运动时，身体要成弧形，下颏、胸、腹部依次尽量接近地面。

2. 运动中，双腿应始终伸直。

十七、两腿前踢

此势主要提高四肢动作配合的协调性、灵敏性，增强双脚弹跳力。

【练法】

1. 双臂屈肘上举于头部上方；两腿并齐，屈膝下蹲。（图3–48）

图 3–48

2. 然后，两脚迅速用力蹬地起跳，身体腾空而起。在空中，双腿同时向前平踢，上身前俯，双手分别拍击脚面。（图3–49）

图 3–49

【要点】

1. 起跳时，两腿屈膝、两脚蹬地与腰部用力要配合好。

2. 空中击响动作，要迅速、准确。拍击时，两腿可以向左右略微分开，上身应下俯。

3.初练时，两臂屈肘高举于头顶上方，可以助跑三五步再起跳。

十八、扫堂腿法

此势主要提高扫腿时身体的协调性与腿部扫踢的力量。扫腿有很高的实战价值，可使敌失衡而倒地，如果配合练习扫踢木桩等硬物，可练出杀伤力很高的少林“铁腿功”，一扫断桩，锐不可当。

【练法】

1. 左腿屈膝下蹲，脚尖向前，右腿向体侧伸直，脚尖内扣；上身前俯，重心在左腿，双掌撑地于左脚前侧，掌尖向前。（图3–50）

图 3–50

2. 然后，以左脚掌为轴，右脚掌紧贴地面，右腿伸直贴地，身体向左旋转扫踢一周。（图3–51、图3–52）

图 3–51

图 3–52

3. 右腿连续扫踢，即换左腿扫踢，同样反复练习。此为前扫腿。

4. 后扫腿的动作与前扫腿类似，只不过旋转时伸直之腿不是向前，而是向后扫踢。后扫时，双掌仍需撑地，脚掌仍需贴地。

【要点】

1. 扫腿时，一定要以腰部发劲，带动腿转。

2. 扫腿时，腿要伸直，脚掌贴地，切勿抬起。

3. 扫腿应勤练苦练，不能仅满足于旋扫一周，还可以扫一周半，甚至两周。

第四章

少林秘传内壮童子功

少林内壮童子功，主要有三大秘传功法，一是补元功，补元益气，乃为基础；二是导引功，导气引气，贯通周身；三是壮气功，快速喷气，增强气力。三功各有妙用，相辅相成，练之可使衰者变壮，老弱复壮，壮者更壮。

第一节　补元功

补元功，宁心安神，健肺壮肾，大补元气，是童子功非常重要的功法，不可忽视，一定要多加练习。

【歌诀】

补元行功三要旨，一松二静三匀细。
舒放肌肉全身松，气润丹田缓缓去。
神静一念代万念，心空气清妙无比。
呼吸悠长细而匀，息息操练大补气。

一、坐势

【练法】

1. 择空气清新之处，坐于凳上，两腿分开同肩宽，脚掌踏平，脚尖向前；头微上顶，上身正直；两掌轻抚腿膝之上；闭唇合齿，舌抵上腭，以鼻呼吸。（图4–1）

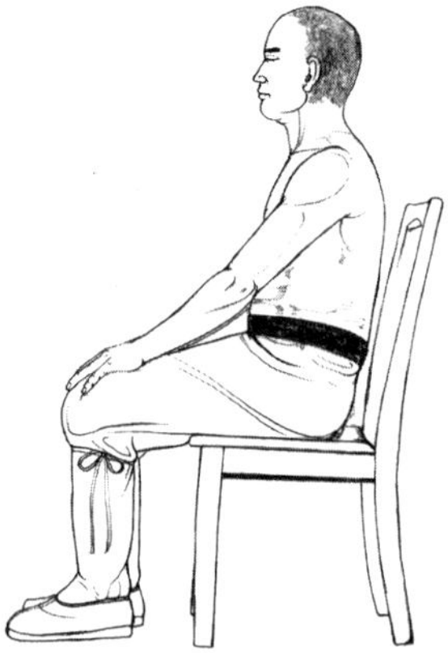

图 4–1

2. 姿势做好后，即排除杂念，专心补气。补气由呼吸入手，以意调息：缓缓吸气时，以意充润丹田，腹部自然外起；缓缓呼气时，以意放松丹田，腹部自然内收。

《补元诀》载："丹田，俗名小腹，在人一身之中，即力学上所谓重心者是也。"

【要点】

1. 中医认为，"元气"是生命之本，是生命之源。元气足则康，元气盈则壮；元气损则病，元气尽则亡。元气决定着生命的全部，因此，补养元气极为重要。

2. 补，顾名思义，重在滋补温养，要用"文火"，即意念和呼吸都要柔和、淡然。否则气伤，易出偏差。

3. 补气贵乎静，心意要专一。不可胡思乱想，否则气乱。

4. 呼吸用鼻，匀细、悠长、徐缓，以自感顺畅、舒适为度。不可忽长忽短、忽慢忽快，否则气散。

5. 初学者，息数不要一下练习太多，深度与长度也要慢慢增加，千万不可急躁、不可勉强。元气补养贵在自然，功到自然成，欲速则不达，练者一定要注意，以免出偏。

【功效】

多加练习，慢慢可感：心神安定，呼吸有力，腰腹温暖，体能提高等，此皆是练功的良好效应。

《补元诀》载曰："依法修炼，不宜间断，则意息相合，心肾相交，而丹田充实，元气旺盛，有返老还童之妙用，有不可思议之妙趣。"

二、卧势

卧势比较适合体弱者。

【练法】

卧势有两种：一种是仰卧；另一种是侧卧。

仰卧在床上，两腿不要伸得过直，枕头不要过高，颈部放平；左掌放在丹田，右掌放在左手背上。

侧卧分为左侧卧和右侧卧。左侧卧：身体向左侧躺下，头部枕在枕头上，两腿屈膝，右腿压在左腿上；左手半握拳自然伸出，右手放在身体右侧。右侧卧同左侧卧，唯方向相反。

注：所有练法、要点、功效等，皆同于坐势，不赘。

第二节　导引功

导引功，在补元功静养气的基础上，以柔和缓慢的动作，结合内功呼吸与意念，使内气贯通全身，因此而舒筋活络，益气增力。

一、站势

【练法】

（一）

1. 两腿开立同肩宽，两膝部稍屈；上身正直，头微上顶；两手

握拳抱在腰间，拳心均向上；同时，吸气。（图4–2）

图 4–2

注：本功呼吸法，与“补元功”相同，也是以鼻呼吸，悠长、细匀、徐缓；唯此功为动功，要求呼吸与动作协调一致，气劲相合，内外兼修。

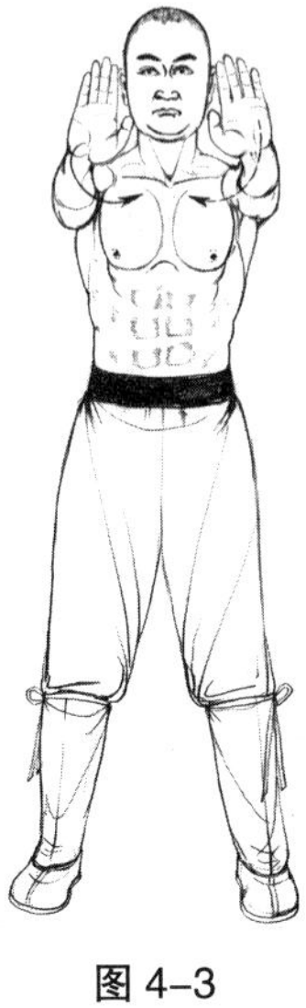

2. 以上姿势稍停后，两前臂外旋，两拳变掌，掌心向前缓缓水平推出；同时，呼气。（图4–3）

图 4–3

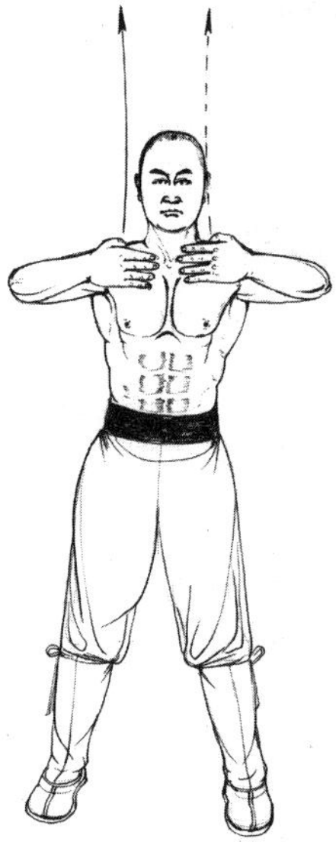

图 4-4

3. 两掌翻转向下，腕关节微向内合，缓缓收到胸部；同时，吸气。（图4-4）

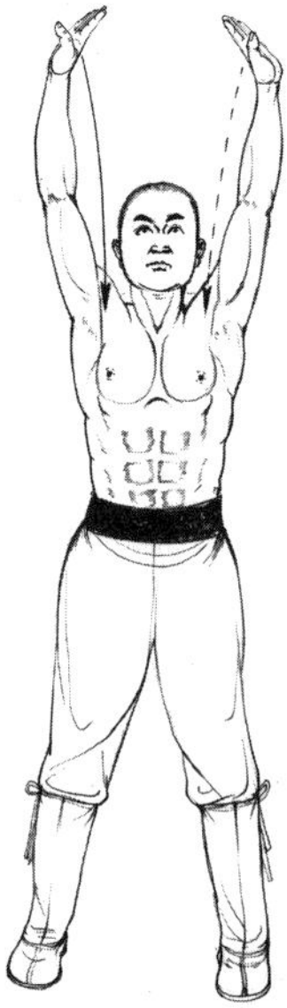

图 4-5

4. 两前臂外旋使两掌心斜向外，两掌缓缓上举；同时，呼气。（图4-5）

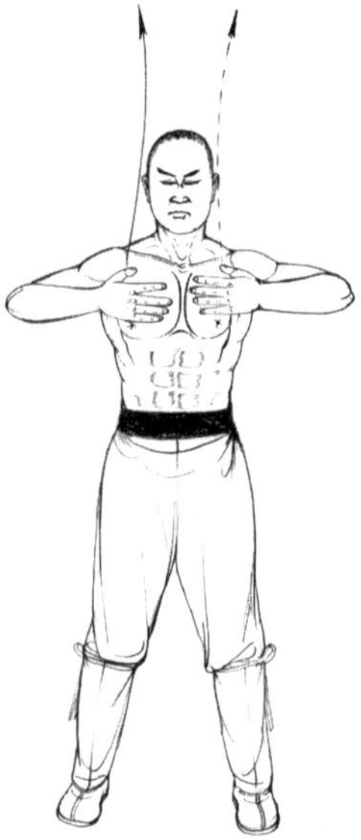

图 4–6

5. 两掌内旋向下，缓缓落至胸前，两臂不得伸直，两肩松沉，两肘稍外展下垂；同时，吸气。（图4–6）

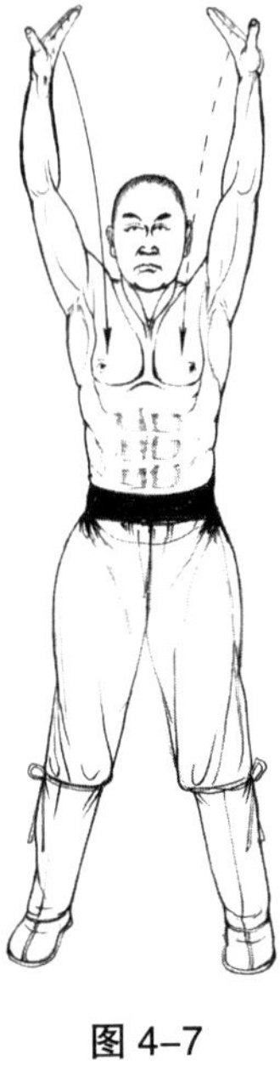

图 4–7

6. 两掌外旋使两掌心斜向外，缓缓上举，至臂伸直；同时，呼气。（图4–7）

注：此时，可回到第1动，如图4–2所示；同时，吸气。

重新从第1动到第6动练习几遍，再接下面第7动。

（二）

7. 接第6动。两掌缓缓内旋，掌心相对时变拳，下落至胸部；同时，吸气。（图4-8）

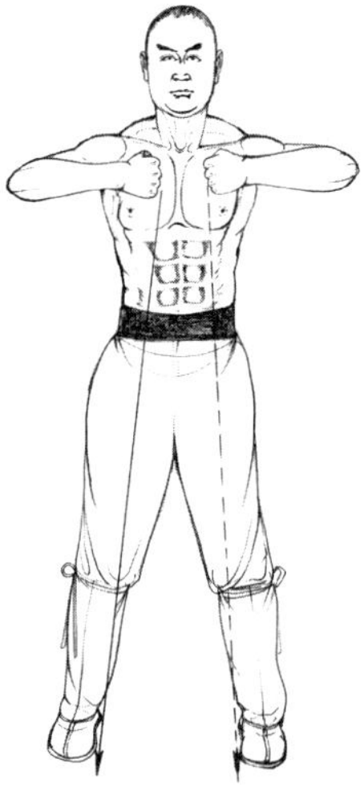

图 4-8

8. 缓缓弯腰，两膝必须伸开；两拳拳面向下触地，拳眼向前；同时，呼气。（图4-9）

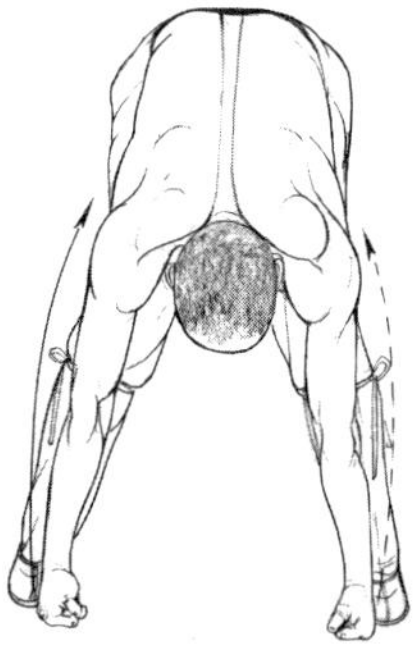

图 4-9

注：此时，缓缓起身、提拳，可回到第7动，如图4-8所示；同时，吸气。

重新从第7动到第8动练习几遍，再接下面第9动。

（三）

9. 接第8动。缓缓起身，两拳上收，垂放身侧；同时，吸气。

10. 两脚缓缓并步；同时，呼气。（图4–10）

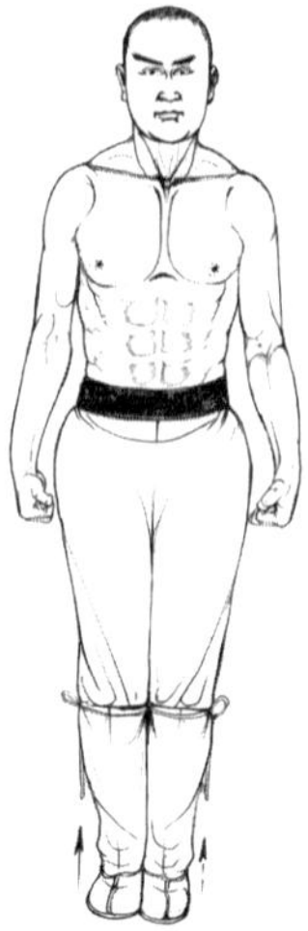

图 4–10

11. 脚跟缓缓提起；同时，吸气。（图4–11）

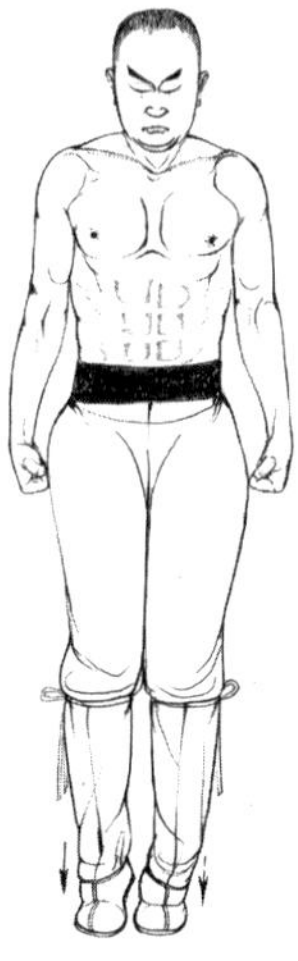

图 4–11

12. 脚跟缓缓落下；同时，呼气。（图4–12）

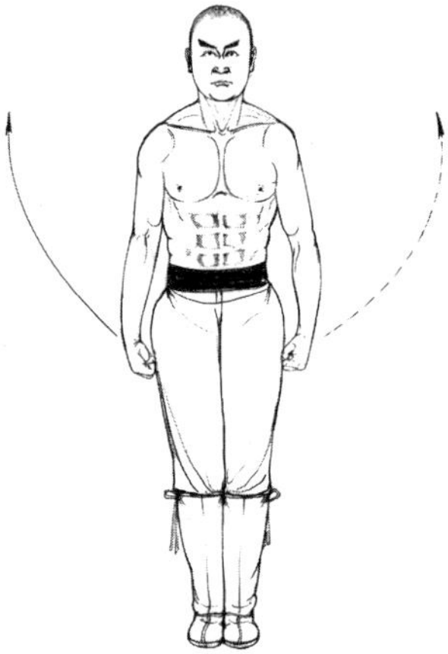

图 4–12

第11动、第12动连续练习几次。

（四）

13. 两腿分开，稍宽于肩；两拳向左右两侧伸展。随即，上身向左右摇晃，两臂随之摆动。摇晃时，以腰用力，意守丹田，呼吸自然。练习次数自定，自感适应为度。（图4–13 ~ 图4–15）

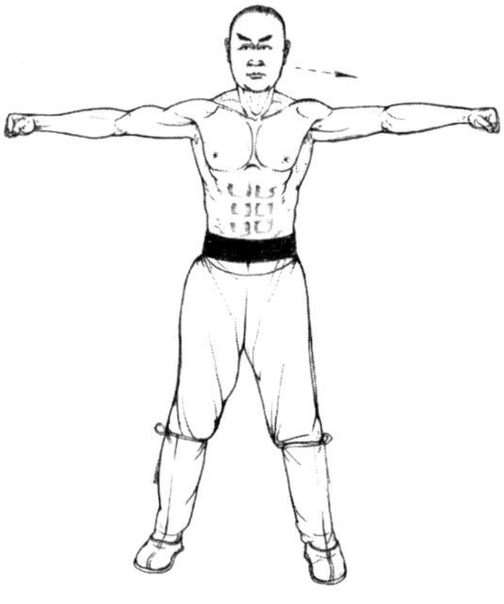

图 4–13

图 4–14

图 4–15

二、蹲势

蹲势即为马步桩。

【练法】

（一）

1. 两腿分开，下蹲成马步；两拳抱腰，拳心向上；上身正直，含胸拔背，头微上顶，舌抵上腭；同时，吸气。（图4–16）

图 4–16

2. 两拳变掌，掌心向前，缓缓向前推出，但两臂不可伸直，两肘向下；同时，呼气。（图4–17）

图 4–17

3. 两掌外旋，掌心向上，缓缓在身前交叉，左掌在下，掌尖向右；右掌在上，掌尖向左；同时，吸气。（图4–18）

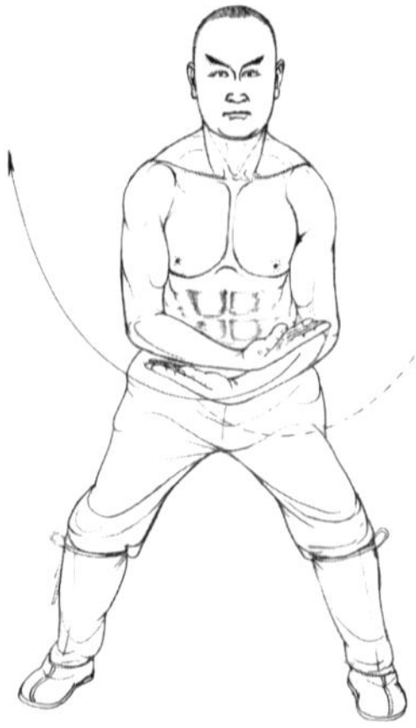

图 4–18

4. 两掌内旋，缓缓向左右分开，平举两侧，掌心向下；同时，呼气。（图4–19）

图 4–19

5. 两掌变拳，由两侧缓缓收到胸前，拳心向下；两腿伸开；同时，吸气。（图4–20）

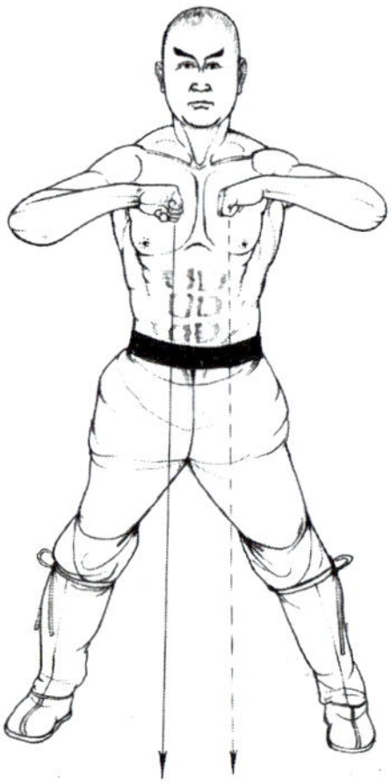

图 4–20

注：此时，可接到第2动，两拳变掌向前推出，如图4–17所示；同时，呼气。

从第2动到第5动反复练习几遍，再接下面第6动。

（二）

6. 两拳缓缓向下触地，两臂与两腿都要伸直；同时，呼气。（图4–21）

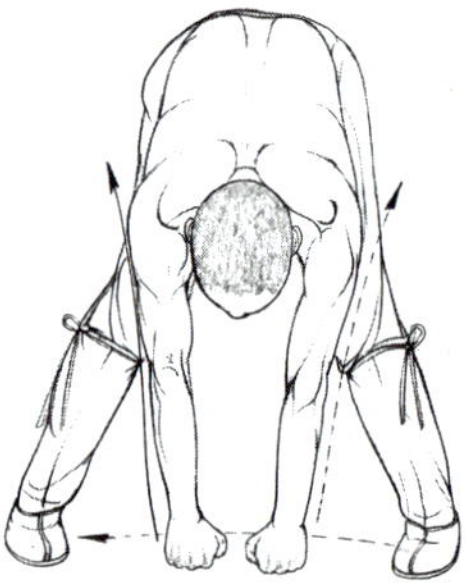

图 4–21

第5动与第6动连续练习几遍，即可收势。

（三）

7. 吸气；两拳缓缓提起，身体起立。两拳变掌，垂放身侧，两脚并步，放松身体，调整呼吸，本功收势。（图4–22）

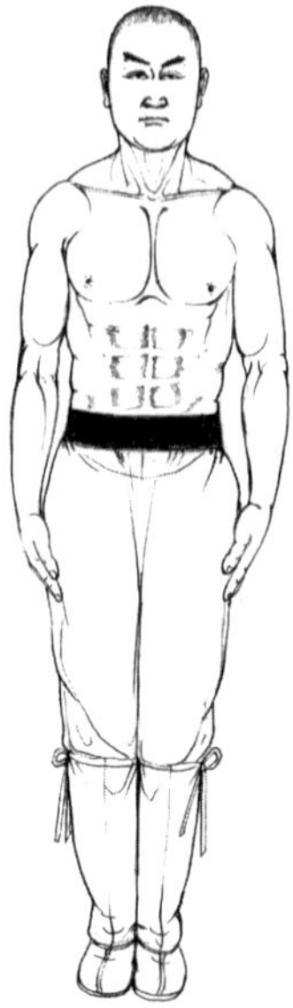

图 4–22

第三节 壮气功

壮气功，以丹田呼吸为基础，注重练习“喷气法”，再以快速外动加力引导，可以迅速强肺壮腰，使人力气大增，体能耐久，为硬功发力打下良好根基。

一、第一势

【练法】

1. 预备：两腿开立，与肩同宽，膝部稍屈；两掌下垂，掌心向前，两肘紧贴两肋；闭口合齿，舌抵上腭，呼吸自然；精神集中，准备行功。（图4–23）

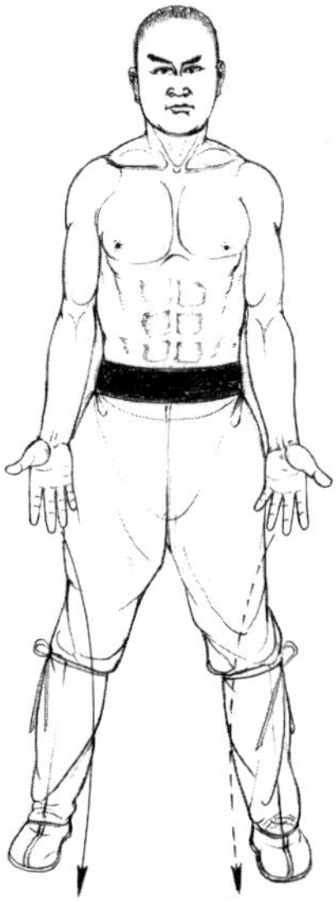

图 4–23

2. 上体缓缓向前下俯，两掌向下触地，掌心向后，掌指自然分开；同时，吸气。（图4-24）

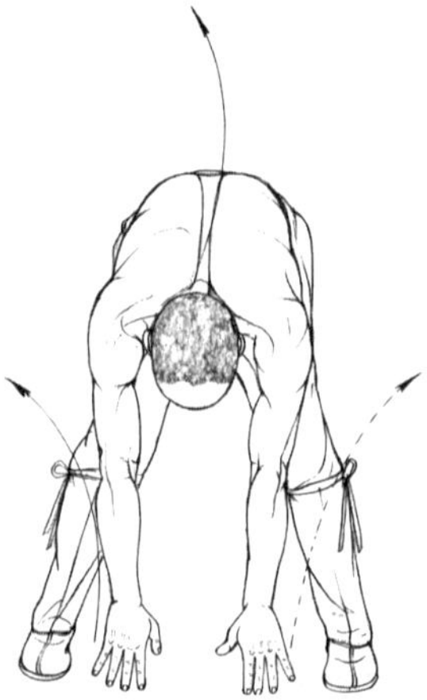

图 4-24

3. 上身快速直起稍后仰，抬头向上；两掌侧分，掌心斜向外；同时，以鼻用力喷气。（图4-25）

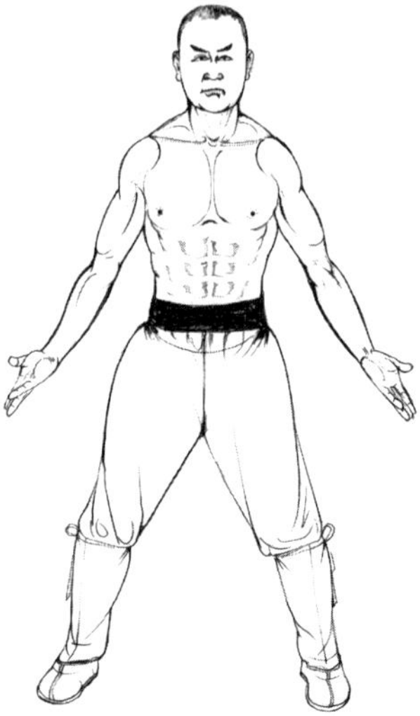

图 4-25

注：本功吸气方法同上，以鼻吸气，悠长、细匀、徐缓；但呼气有异，而是快速以鼻喷气，鼻中发音，丹田发劲，力贯梢节。以下几势皆按此呼吸法。

二、第二势

【练法】

1. 预备：两手握拳置于胸前，拳心向下；自然调息。（图4–26）

图 4–26

2. 缓缓弯腰俯身；两拳变掌，掌尖不触地；同时，吸气。（图4–27）

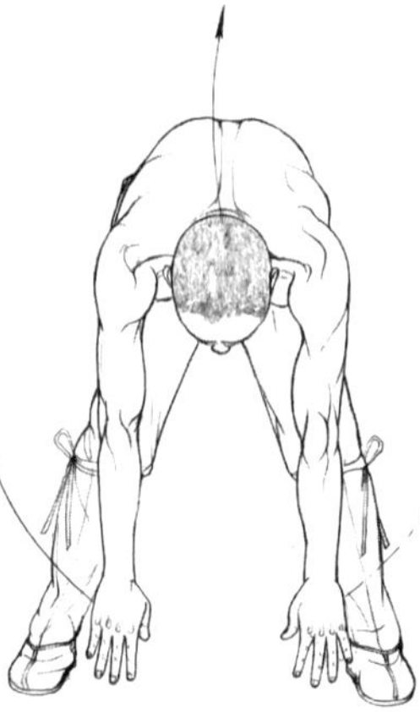

图 4–27

3. 快速起立，挺胸仰面；同时，喷气。（图4–28）

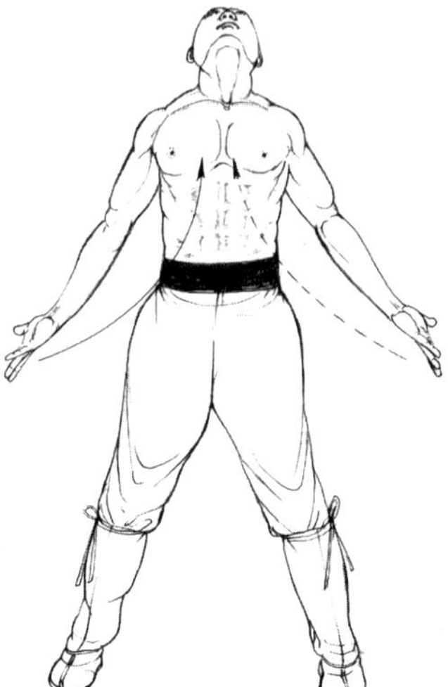

图 4–28

三、第三势

【练法】

1. 预备：两掌变拳，屈肘收于胸前，拳心向里；自然调息。（图4–29）

图 4–29

2. 练法同第一势第2动、第3动。

四、第四势

【练法】

1. 两拳放在腰后；同时，吸气。（图4–30）

2. 练法同第一势第2动、第3动。

图 4–30

五、第五势

【练法】

1. 两拇指按在脐部，余指握住；同时，吸气。（图4-31）

2. 练法同第一势第2动、第3动。

图 4-31

六、第六势

【练法】

1. 左手握住右手背放在腹前；同时，吸气。（图4–32）

2. 练法同第一势第2动、第3动。

图 4–32

七、第七势

【练法】

1. 两拳握于身侧，拳心向上；同时，吸气。（图4–33）

2. 练法同第一势第2动、第3动，唯相异的是，弯腰时两拳变掌，挺身喷气时要握拳。

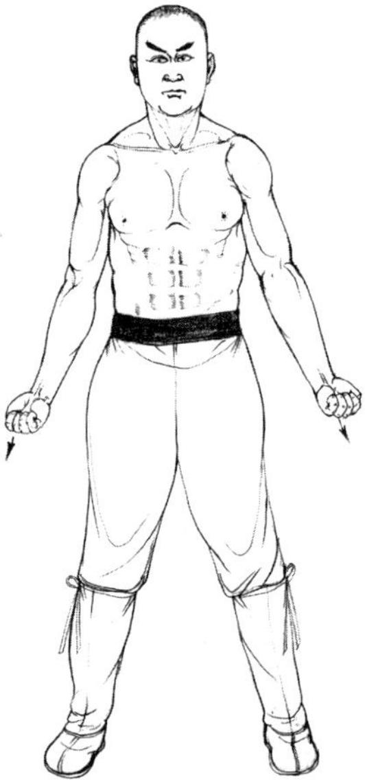

图 4–33

八、第八势

【练法】

1. 预备：立正，两掌垂于体侧；自然调息。（图4–34）

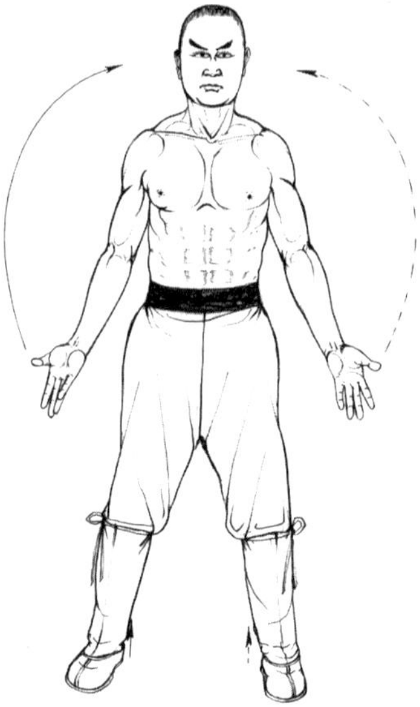

图 4–34

2. 提踵，两掌缓缓上摆至面前成拳，高与耳平，拳心略相对，拳面向上，两肘尖向下；同时，吸气。（图4-35）

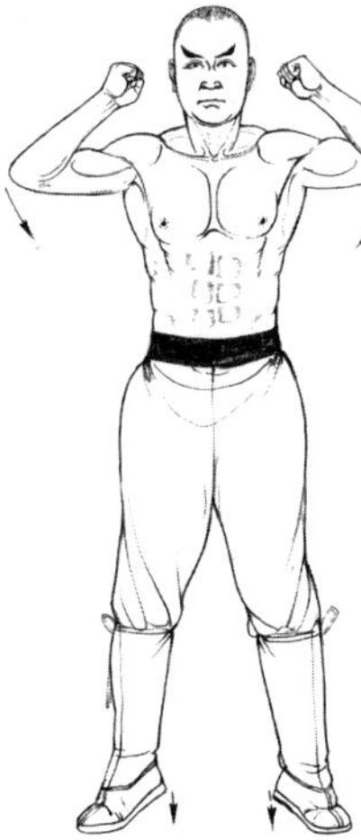

图 4-35

3. 脚跟用力落地（用力不要过猛，要适度），两肘下坠，两拳略高于肩；同时，喷气。（图4-36）

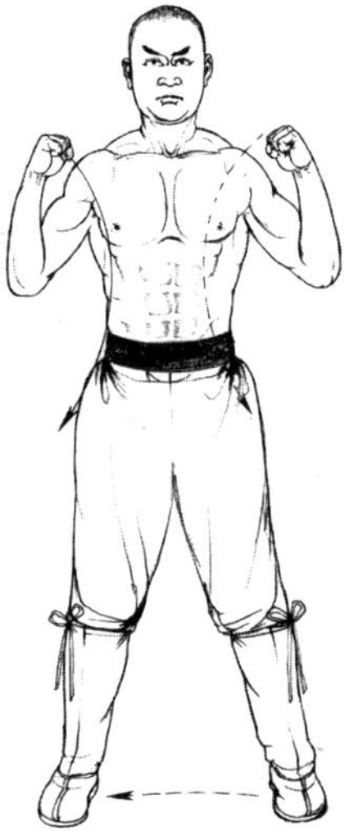

图 4-36

九、第九势

【练法】

1. 并步立正；缓缓吸气。（图4–37）

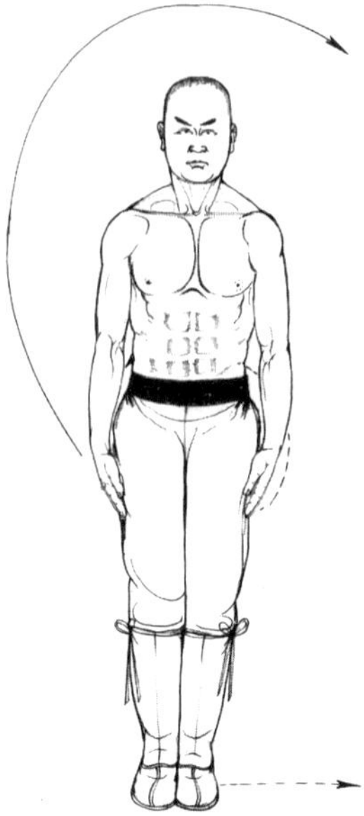

图 4–37

图 4–38

2. 左脚向左开成左弓步；两掌变拳，身体左转，随之右拳摆至头部左上方，左拳摆至身后；同时，喷气。（图4–38）

3. 身体右转，成右弓步；左拳摆至头部上方，右拳摆至身后；同时，喷气。（图4–39）

图 4–39

图 4–39 附

注：此势连续两次喷气。第3动在身体右转中间，要快速稍吸一下气。

4. 收左脚，并步正立，两掌垂于体侧；调整呼吸，本功收势。（图4-40）

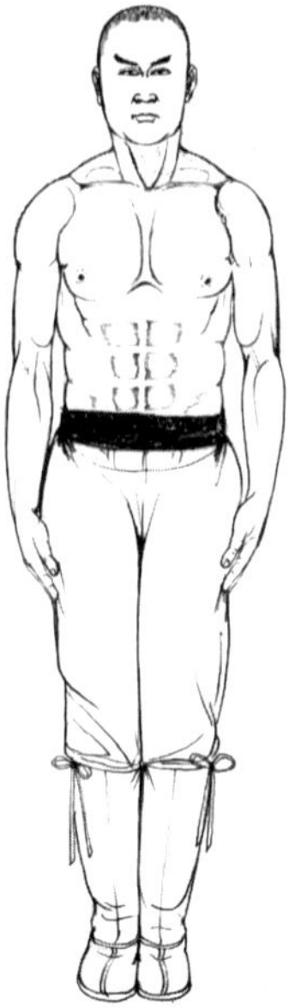

图 4-40

第五章

少林童子功秘谱禅画

一、合十手

图 5-1

二、盘坐禅

图 5–2

三、朝天蹬

图 5–3

四、踩花桩

图 5-4

五、肩担腿

图 5–5

六、抱佛脚

图 5-6

七、头栽碑

图 5–7

八、童扑拜

图 5–8

九、横叉腿

图 5-9

十、童拜佛

图 5–10

十一、罗汉卧

图 5-11

十二、二指禅

图 5-12

十三、铁指撑

图 5–13

十四、辟地拳

图 5-14

十五、侧跌叉

图 5-15

十六、莲花盘

图 5–16

十七、叶藏花

图 5–17

十八、鱼坐水

图 5–18

十九、啃鞋尖

图 5-19

二十、童指路

图 5–20

二十一、童探海

图 5-21

二十二、童卧莲

图 5-22

二十三、双悬腿

图 5-23

二十四、龙戏珠

图 5-24

二十五、龙盘柱

图 5–25

二十六、迎佛升

图 5–26

二十七、金龟探

图 5-27

二十八、扑地拜

图 5–28

二十九、蛙喝水

图 5-29

三十、单金刚

图 5–30

三十一、单蹲禅

图 5-31

三十二、立叉撑

图 5-32

三十三、震天脚

图 5-33

三十四、倒劈叉

图 5–34

三十五、颈盘撑

图 5-35

三十六、童击钟

图 5–36

三十七、回头拜

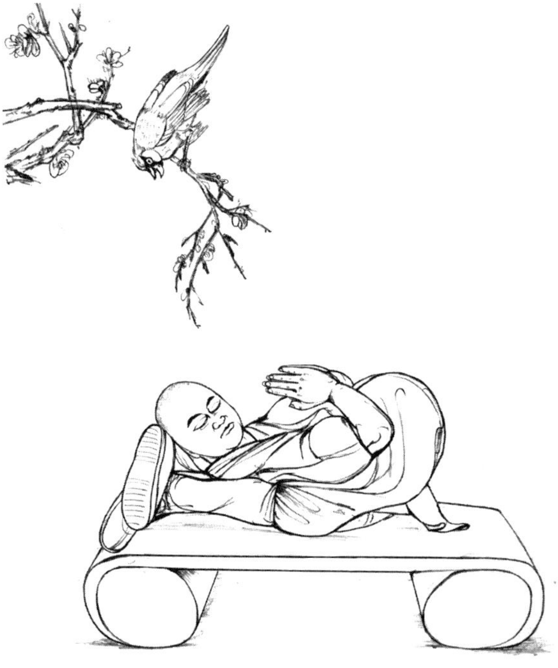

图 5-37

三十八、翻天腿

图 5-38

三十九、倒卷桥

图 5–39

四十、竖蜻蜓

图 5-40